Bibliografische Information der Deutschen Nationalbibliothek:

Die Deutsche Nationalbibliothek verzeichnet diese Publikation in der Deutschen Nationalbibliografie; detaillierte bibliografische Daten sind im Internet über http://dnb.d-nb.de abrufbar.

Impressum:

Copyright © 2015 ScienceFactory

Ein Imprint der GRIN Verlag, Open Publishing GmbH

Druck und Bindung: Books on Demand GmbH, Norderstedt, Germany

Coverbild: DownloadFreeVector.com

Freier Handel in der Welt

Die Auswirkungen internationaler Handelsabkommen und Freihandelszonen

Alexander Maronitis: Das Freihandelsabkommen NAFTA aus der Perspektive Mexikos

2012

Einleitung

Durch das am 01.01.1994 in Kraft getretene Freihandelsabkommen NAFTA zwischen den USA, Kanada und Mexiko wurde erstmalig eine wirtschaftliche Integration zwischen zwei Industrieländern und einem Entwicklungsland institutionell realisiert. Dieses Nord-Süd Abkommen zeichnet sich bis heute durch seine asymmetrische Wirtschaftsstruktur sowie durch die kulturellen und politischen Gegensätze seiner Mitgliedsstaaten aus.

Im Jahr 2012 steht das vom Drogenkrieg, ausufernder Korruption und großem sozialen Gefälle gezeichnete Mexiko vor einem Scheideweg. Der Ausgang der Präsidentschaftswahlen am 01.07.2012 wird weitreichende politische Konsequenzen in Fragen der fortzusetzenden Liberalisierung des Handels sowie des Vorgehens gegen die übermächtig erscheinenden Drogenkartelle haben. Trotz intensiver Bemühungen des scheidenden Präsidenten Felipe Calderon wird das Land von der UN mit Sorge betrachtet und könnte als nächster Staat der Erde den unrühmlichen Titel eines „failed state" verliehen bekommen. Wirtschaftlich hingegen scheint sich Mexiko im Vergleich zu seinen lateinamerikanischen Nachbarn auf der Überholspur zu befinden.

Mit dem Ausspruch „Mexico is beyond BRICS"[1] bringt der Vorsitzende der Lateinamerika-Initiative der Deutschen Wirtschaft Reinhold Festge die beeindruckende ökonomische Performance des Landes auf den Punkt.

Schon vor der Gründung der Freihandelszone NAFTA waren die Vereinigten Staaten von Amerika Mexikos wichtigster Handelspartner. Angesichts dieser einseitigen Abhängigkeit sowie einer in vergangenen Jahrzehnten vernachlässigten weltwirtschaftlichen Öffnung versuchte die Regierung De la Madrid Hurtados Anfang der 1980er Jahre durch eine neoliberale Strategie der Marktöffnung, eine Trendwende einzuleiten. Einen vorläufigen Erfolg und Höhepunkt dieser neoliberalen Wirtschaftsstrategie verzeichnete man mit dem Abschluss des Freihandelsabkommens NAFTA mit Kanada und den USA im Jahre 1994, an das große Hoffnungen geknüpft waren. Neben primär verfolgten wirtschaftlichen Zielen erhoffte man sich im Folgeschritt durch einen Anstieg des allgemeinen Lohnniveaus und einen Rückgang der landesweiten Armut deutliche soziale Verbesserungen.

---

1 Strausberg, 20.06.2012, in: Die Welt, S. 2.

Angesichts dieser hehren Ziele bei nach wie vor anhaltenden massiven sozialen und wirtschaftlichen Missständen stellt sich die Frage, welche Effekte von dem NAFTA-Vertragsabschluss auf die mexikanische Wirtschaft und Gesellschaft ausgehen.

Es gilt daher zu untersuchen, welchen Mehrwert das NAFTA-Abkommen für die mexikanische Volkswirtschaft erzeugt. Gleichzeitig muss erörtert werden, zu welch gesellschaftlichen wie ökonomischen Kosten sich Mexiko den potentiellen, aus dem Freihandelsabkommen resultierenden wirtschaftspolitischen Vorteil, erkauft hat. Letztendlich soll diese Bestandsaufnahme nach 18 Jahren NAFTA-Mitgliedschaft den Versuch einer „Bilanzierung" darstellen, um daraufhin eine Aussage über die Vorteilhaftigkeit des Vertragswerks für Mexiko ableiten zu können.

Darauf aufbauend soll geklärt werden, ob das Vertrauen in ein Fortbestehen des NAFTA-Abkommens ausreichend ist, um eine andauernde Prosperität der mexikanischen Volkswirtschaft sicherzustellen oder, ob nicht viel eher alternative Wege der wirtschaftspolitischen Ausrichtung beschritten werden sollten.

Zur Bearbeitung der Fragestellung wird sich die Arbeit im Grundlagenteil mit der reinen Außenhandelstheorie beschäftigen, um die Grundüberlegungen der theoretischen Modellannahmen bezüglich des Außen- und Freihandels herauszuarbeiten.

In einem nächsten Schritt wird daraufhin die Entstehungsgeschichte des NAFTA-Abkommens nachvollzogen. Die Hoffnungen der Befürworter sowie die Befürchtungen der Gegner des Abkommens sollen in Kombination mit den vertraglich festgeschriebenen Zielen als Maßstab dienen, um an späterer Stelle eine Bewertung des Abkommens vornehmen zu können.

Das darauf folgende Kapitel soll, basierend auf den zuvor definierten vertraglichen Zielen der NAFTA, eine Analyse der wirtschaftlichen Entwicklung Mexikos vornehmen. Die Betrachtung der Wirtschaft Mexikos seit Bestehen der NAFTA erfolgt anhand ausgewählter Indikatoren. Zusätzlich werden auch die natürlichen Grenzen des Freihandelskonzeptes bei innenpolitischen wie gesellschaftlichen Fehlentwicklungen Erwähnung finden.

Abgeschlossen wird das Kapitel durch ein Zwischenfazit, welches eine Bilanz zu der bisherigen NAFTA-Mitgliedschaft Mexikos ziehen wird und die Auswirkungen des Abkommens auf die mexikanische Wirtschaft zusammenfasst.

Nach der Untersuchung der gegenwärtigen wirtschaftlichen Lage Mexikos wird sich das folgende Kapitel mit alternativen Wegen internationaler ökonomischer Kooperation befassen. In Abhängigkeit von den Ergebnissen der vorhergehenden Wirtschaftsanalyse sollen mögliche wirtschaftspolitische Handlungsoptionen als Alternativen oder Ergänzungen zu dem NAFTA-Abkommen aufgezeigt werden.

Eine abschließende Betrachtung wird die gewonnenen Erkenntnisse zusammenführen, um die eingangs formulierten Fragen zu beantworten und eine Empfehlung für eine weitergehende wirtschaftliche Integration Mexikos auszusprechen.

Die reine Theorie des Außenhandels

Die der Diskussion des nordamerikanischen Freihandelsabkommens vorausgehende Beschäftigung mit der reinen Außenhandelstheorie soll den Leser mit den grundlegenden Gedanken der theoretischen Modelle vertraut machen. Weit entfernt vom Anspruch einer umfassenden, kritischen Analyse der angeführten Modelle wird vielmehr das Ziel verfolgt, ein Grundverständnis von der Funktion und Sinnhaftigkeit des Außen- und Freihandels zu erzeugen.

Dabei sind die Modellannahmen der reinen Theorie nicht vorbehaltlos auf das reale Wirtschaftsgeschehen im nordamerikanischen Handelsraum zu übertragen, da den Überlegungen vereinfachende Annahmen und idealtypische Ausgangsbedingungen zugrunde liegen.[2]

Beweggründe für den Außenhandel

Einleitend soll der Frage nachgegangen werden, welche Motive Staaten in ihrem Streben nach Wohlfahrtsgewinn dazu veranlassen, Außenhandel zu betreiben?

Der Import von Gütern wie z.B. Agrarprodukten oder Rohstoffen kann aufgrund klimatischer oder geologischer Gegebenheiten, die die Herstellung im Inland unmöglich machen, nötig sein. Aber auch Industrieprodukte können wegen niedrigen technischen Wissens und geringen industriellen Entwicklungsstandes nicht verfügbar sein.

Außenhandel kann aber auch durch Preisdivergenzen zwischen derselben im In- und Ausland angebotenen Ware hervorgerufen werden. Der Import von Waren aus dem Ausland erscheint aber nur dann als lohnend, wenn der Preisvorteil nicht durch Transportkosten und Zölle aufgehoben wird.

Unabhängig von Preisüberlegungen kann Außenhandel auch in dem Wunsch nach Produktdifferenzierung begründet sein. So führt dies zu intraindustriellem Handel, wenn Waren derselben Gütergruppe, bedingt durch unterschiedliche Konsumentenpräferenzen, exportiert und importiert werden.[3]

Des Weiteren sei Adam Smith als renommierter Vertreter der klassischen Außenhandelstheorie angeführt, der durch den Ansatz der absoluten Kostenvorteile nachwies, dass Länder vom Handel miteinander profitieren, wenn sie absolute Vorteile bei der Produktion der gehandelten Güter besitzen.

---

2 Weitergehende Ausführungen zur Schwierigkeit der Anwendung und Beweisführung der reinen Theorie in der Empirie finden sich in: Rose/ Sauernheimer, 2006, S. 379 f.

3 Vgl. Rose/ Sauernheimer, 2006, S. 381 ff.

Durch die Spezialisierung auf die Fertigung der Ware, in der das jeweilige Land die höhere Arbeitsproduktivität aufweist und den Tausch gegen andere benötigte Güter im Ausland, ergibt sich ein Konsumzugewinn für alle beteiligten Länder.[4]

Das Prinzip der absoluten Kostenvorteile stößt allerdings an seine Grenzen, wenn der Versuch unternommen wird, zu erklären, welche Vorteilhaftigkeit für ein Land im Außenhandel liegt, das jedes benötigte Produkt kostengünstiger als andere Länder herzustellen vermag.

Dass Außenhandel jedoch auch für solche Staaten sinnvoll erscheint, soll im folgenden Kapitel nachgewiesen werden.

Das Ricardo-Modell der komparativen Kostenvorteile

David Ricardo stellte Anfang des 19. Jahrhunderts mit seinem Modell der komparativen Kostenvorteile einen Ansatz vor, der das Zustandekommen von Außenhandel auch bei Abwesenheit absoluter Kostenvorteile erklären konnte.

Ricardo wies nach, dass auch ein Land welches sämtliche Produkte effizienter als das Ausland produzieren kann, von internationalem Handel profitiert. Entscheidend ist die Produktionsspezialisierung auf Güter, in denen das jeweilige Land komparative Vorteile aufweist.[5] Da nur begrenzte Ressourcen zu Verfügung stehen, ist die Produktion von Waren, welche im Vergleich mit dem Ausland komparative Nachteile mit sich bringen, zu minimieren und der Bedarf durch Importe zu decken.[6] Gemessen werden kann der komparative Vorteile in der Produktion eines Gutes anhand der Opportunitätskosten, die durch den Verzicht auf die Herstellung anderer Waren entstehen. Ein fiktives Beispiel in Anlehnung an Ricardos berühmten Vergleich der Produktion von Wein und Tuch in England und Portugal soll dies verdeutlichen.

	Land A	Land B
Autoradio	120	80
Mais	100	90

Abb. 1: Produktionskosten in Arbeitseinheiten
Quelle: Weeber, 2011, S. 80 (verändert)

---

4 Vgl. Ströbele/ Wacker, 1995, S. 9.

5 Vgl. Woll, 2000, S. 628.

6 Vgl. Koch, 2006, S. 79.

Auch wenn Land B absolut gesehen in der Produktion beider Güter Vorteile besitzt, lohnt sich aufgrund der komparativen Kostenunterschiede der Import von Mais.

	Land A	Land B
Für einen Sack Mais (ausgedrückt in Gerät Autoradio)	100 AE = 0,83 Gerät 120 AE	90 AE = 1,125 Gerät 80 AE
Für ein Gerät Autoradio (ausgedrückt in Sack Mais)	120 AE = 1,2 Sack 100 AE	80 AE = 0,89 Sack 90 AE

Abb. 2: Berechnung der komparativen Kosten
Quelle: Weeber, 2011, S. 80 (verändert)

Indem die Produktionskosten für ein Gut in Einheiten des jeweils anderen Gutes dargestellt werden, kann aufgezeigt werden, dass Land B einen Kostenvorteil in der Fertigung von Autoradios und Land A in der Produktion von Mais aufweist.[7]

Da sich Ricardo in seinen Überlegungen auf den Produktionsfaktor Arbeit beschränkt, führt er das Entstehen von komparativen Kostenvorteilen lediglich auf die unterschiedliche Arbeitsproduktivität der Länder bei der Fertigung bestimmter Waren zurück. Auch wenn der Beitrag Ricardos zur Weiterentwicklung der Außenhandelstheorie nicht hoch genug einzuschätzen ist, mehren sich doch kritische Stimmen, die die Vernachlässigung von Faktoren wie z. B. der Arbeitslosigkeit oder des technischen Fortschritts beklagen.[8]

Ricardo geht von vollständiger Mobilität des Faktors Arbeit im Inland aus und vernachlässigt bei der Produktionsumstellung auf vorteilhafte Güter einen eventuell abweichenden Arbeitskräftebedarf sowie ein mögliches Unvermögen oder eine mangelnde Bereitschaft der Arbeitskräfte, die neue Situation anzunehmen.

Das Heckscher-Ohlin-Modell

Die Behandlung des Heckscher- Ohlin-Modells als „Herzstück der Außenhandelstheorie"[9] ist unerlässlich, um die theoretischen Grundlagen des

---

7 Vgl. Weeber, 2011, S. 80.
8 Vgl. Weeber, 2011, S. 81.
9 Ströbele/ Wacker, 1995, S. 25.

Handels zwischen den USA und Mexiko als klassische Vertreter einer Nord-Süd-Kooperation zwischen einem Industrie- und einem Schwellenland zu verdeutlichen. Die wesentlichen Kernaussagen des Heckscher-Ohlin-Modells sollen durch die Erläuterung des Faktorproportionen- sowie des Faktorpreisausgleichstheorems wiedergegeben werden. Auf eine Darstellung der weiterführenden Überlegungen von Rybcynski und Stolper-Samuelson wird in dieser Arbeit verzichtet.

Das Faktorproportionentheorem

Nachdem sich das vorige Kapitel mit komparativen Kostenvorteilen beschäftigt hat, soll nun nachvollzogen werden, dass Kostendivergenzen neben unterschiedlich ausgeprägter Arbeitsproduktivität auch in einer ungleichen Ausstattung mit Produktionsfaktoren begründet sein können.

Eli F. Heckscher und Bertil Ohlin verfolgen mit ihrem Modell die Theorie, dass ein Land vorrangig jene Güter produziert und exportiert, die seiner natürlichen Faktorausstattung entsprechen und ihm damit Kostenvorteile gegenüber anderen Ländern einbringen. Das Heckscher-Ohlin-Theorem geht davon aus, dass die Ausstattung der Länder mit den Faktoren Arbeit, Boden und Kapital variiert und voneinander abweichende Güterpreise auf diese Unterschiede zurückzuführen sind.[10] Entscheidend ist festzuhalten, dass lediglich der relative Reichtum an Faktoren betrachtet wird und absolute Größen keine Beachtung finden.[11] Ebenso wie von Ricardo die Differenzen in den Arbeitsproduktivitätsrelationen in den Vordergrund gestellt wurden, konzentrieren sich Heckscher und Ohlin nun auf die Unterschiede in den Faktorproportionen. Stellt man exemplarisch einem Land A, das in hohem Maße über den Faktor Arbeit verfügt, ein Land B gegenüber, welches reichlich mit Kapital ausgestattet ist, so erscheint es sinnvoll, dass Land A sich auf die Herstellung des arbeitsintensiven Gutes 1 (Kinderspielzeug) spezialisiert, wohingegen Land B die Produktion eines kapitalintensiven Gutes 2 (Medizintechnik) bevorzugen wird. Land A kann relativ mehr von Gut 1 produzieren und Land B hat im Gegenzug einen relativen Vorsprung in der Herstellung des Gutes 2.[12]

Ein Export der Güter nach Deckung der Inlandsnachfrage hätte einen Wohlstandszuwachs für alle Beteiligten zur Folge sofern von der theoretischen

---

10 Vgl. Woll, 2000, S. 644.

11 Vgl. Ströbele/ Wacker, 1995, S. 26.

12 Vgl. Rose/ Sauernheimer, 2006, S. 421.

Annahme ausgegangen wird, dass nur geringfügige Transportkosten, Tausch-wirtschaft und Freihandel vorherrschen.[13] Folgt man diesem Gedankenmodell, so findet sich darin eine Begründung, weshalb Entwicklungsländer überwiegend boden- und arbeitsintensive Güter ausführen und Industrieländer sich hingegen auf den Export kapitalintensiver Waren konzentrieren.[14] Dass diese Aussage jedoch nur mit Einschränkungen gelten kann, hat Wassily Leontief durch eine Studie der US-Importe und Exporte nachgewiesen. Demzufolge haben die USA als Industriestaat überwiegend arbeitsintensive Hochtechnologie-Güter exportiert, die zur Erstellung hochqualifizierte Arbeit erfordert. Das „Leontief-Paradoxon" stellte damit fest, dass eine qualitative Unterscheidung des Faktors Arbeit vorzunehmen ist, um die Aussagekraft des Faktorproportionentheorems nicht zu verfälschen.[15]

Das Faktorpreisausgleichstheorem

Im Folgenden soll der Frage nachgegangen werden, ob bei Fortführung der angestellten Überlegungen ein vollständiger Ausgleich der Faktorpreise möglich wäre. Würde nun Land A unseres Beispiels die Produktion des arbeitsintensiven Gutes 1 ausweiten, so stiege die Nachfrage nach Arbeitskräften. Die damit einhergehende Verknappung des Arbeitskräfteangebots in Land A hätte Lohnsteigerungen zur Folge, die die Lohndifferenz zu dem arbeitsarmen aber kapitalreichen Land B reduzieren würde. Eine internationale Angleichung des Faktorpreises (hier der Löhne) wäre die Folge.[16] Allerdings gibt Ohlin einschränkend zu bedenken, dass die Angleichung der Faktorpreise mindestens eine interregionale Mobilität des Faktors Arbeit voraussetze.[17]

Der Frage, ob diese theoretische Schlussfolgerung und in einigen Schwellen-ländern bereits festgestellte Entwicklung auch auf die mexikanische Volkswirtschaft zutrifft, muss an späterer Stelle in dieser Arbeit nachgegangen werden.

---

13 Ströbele/ Wacker, 1995, S. 27.

14 Vgl. Truong Giang, 2004, S. 7f.

15 Vgl. Koch, 2006, S. 91.

16 Vgl. Koch, 2006, S. 90.

17 Vgl. Ohlin, 1924, S. 120f.

Eine theoretische Betrachtung des Freihandelskonzeptes

Die Freihandelszone als Instrument wirtschaftlicher Integration

Die reine Außenhandelstheorie einschließlich ihrer Vertreter Ricardo und Heckscher-Ohlin setzt in ihren Modellen Freihandel als Grundprämisse voraus. Der Abbau von real vorherrschenden Zöllen und nicht-tarifären Handelshemmnissen erscheint folglich als ein richtiger Schritt auf dem Weg zu einer für alle Beteiligten wohlfahrtssteigernden Außenwirtschaft.

Ohne die pragmatischen Überlegungen Mexikos zur Etablierung einer Freihandelszone vorwegzunehmen, soll in diesem Textabschnitt der Nutzen und die theoretische Umsetzung des Freihandelskonzeptes diskutiert werden.

Neben uni- und multilateralen Formen der Umsetzung stellt die Freihandelszone, die wohl am ehesten realisierbare, da weniger Beteiligte und geringere Unwägbarkeiten mit sich bringende Institution dar.[18]

Die Freihandelszone verkörpert einen Zusammenschluss von mindestens zwei Staaten, der auf Importe von Mitgliedsländern keine Zölle oder nicht-tarifäre Handelshemmnisse erhebt. Als loses Gebinde werden den Mitgliedsstaaten keine Vorgaben in der Handelspolitik gegenüber Drittländern gemacht. Ebenso erfolgt keine Festlegung gemeinsamer Außenzölle.[19]

Der Vollständigkeit halber sei auch die Zollunion, als weitere Möglichkeit Freihandel zu realisieren, erwähnt.

Im Gegensatz zur Freihandelszone stellt die Zollunion ein Gebilde mit supranationaler Entscheidungsinstanz dar, welche einen gemeinsamen Außenzolltarif für die Mitgliedsländer festlegt. Während die Zollunion einen Mehraufwand durch die Errichtung politischer Strukturen erfordert, verlangt eine Freihandelszone nach Festlegung verwaltungstechnischer Regularien, um die Herkunft gehandelter Güter belegen zu können.[20]

Dies ist nötig, da ohne gemeinsamen Außenzoll der Anreiz besteht, Waren aus Drittländern über das Mitgliedsland mit dem niedrigsten Außenzoll in die Freihandelszone einzuführen. Mit Hilfe der Definition von Ursprungsregeln will man in Mitgliedsländern gefertigte Produkte von übrigen Waren kenntlich

---

18 Vgl. Bhagwati,2002, S. 93ff.

19 Vgl. Blank/ Clausen/ Wacker, 1998, S. 57.

20 Vgl. Krugman/ Obstfeld/ Melitz, 2012, S. 342.

machen. Durch die Fülle an produktbezogenen Bestimmungen entsteht ein nicht zu unterschätzender Verwaltungs- und Kontrollaufwand.[21]

Die Vorteile dieses politischen wie verwaltungstechnischen Mehraufwandes werden in der Verhinderung von Protektionismus und der Förderung des Welthandels gesehen. Da multilaterale Abkommen zu weltweiter Zollreduktion gegenwärtig nicht greifbar erscheinen und fortwährenden, langwierigen Aushandlungsprozessen unterliegen, wird die beschriebene zweitbeste Lösung der regionalen wirtschaftlichen Integration bevorzugt.[22]

Wohlfahrtswirkung und Einfluss auf die Handelsströme

Nachdem das Wesen einer Freihandelszone dargestellt wurde, haben die folgenden Ausführungen zum Ziel, die theoretischen Auswirkungen des Freihandels auf die Volkswirtschaften der Mitgliedsländer zu verdeutlichen.

Wie Viner nachgewiesen hat, geht mit der Einrichtung von Freihandelszonen eine Neuausrichtung der Handelsströme einher. Geprägt werden die Handelsströme von den Prozessen der Handelsschaffung und Handelsumlenkung.

Der Effekt der Handelsschaffung tritt ein, wenn Importe aus einem Mitgliedsland der Freihandelszone Waren von unwirtschaftlich produzierenden Herstellern des Inlandes ersetzen. Neben diesem produktionsseitigen Effekt der Handelsschaffung entsteht ebenfalls ein nachfrageseitiger Effekt, da die effizienteren Produkte aus dem Partnerland den Konsum stimulieren. Überdies hinaus wird der nachfrageseitige Effekt durch das, sich aus der ökonomischen Integration ergebende größere Marktvolumen verstärkt.[23]

Das Phänomen der Handelsumlenkung ergibt sich aus einer Abkehr vom Weltmarkt, wenn die ursprünglich aus Drittländern importierten Waren innerhalb der Freihandelszone günstiger zu beziehen sind. Die bislang ineffizienter als der Weltmarkt produzierenden Anbieter der Freihandelszone profitieren von dem Wegfall der Zölle innerhalb des Integrationsraums und haben daher einen Vorteil gegenüber den durch Einfuhrzölle belasteten Produzenten aus Drittstaaten.[24]

---

21 Vgl. Pethke, 2002, S. 55.

22 Vgl. Blank/ Clausen/ Wacker, 1998, S. 73.

23 Vgl. Blank/ Clausen/ Wacker, 1998, S. 58.

24 Vgl. Blank/ Clausen/ Wacker, 1998, S. 58.

Die Handelsumlenkung bewirkt also eine Substitution der Weltmarktprodukte durch Erzeugnisse aus dem Gebiet der Freihandelszone.

Während handelsschaffende Effekte zu begrüßen sind, da sie die Produktionseffizienz innerhalb der Freihandelszone erhöhen, werden handelsumlenkende Effekte hingegen als Ursache für Wohlfahrtsminderung angesehen. Im ungünstigsten Fall könnte Freihandel damit, so Viner, zu einer Verschlechterung der Wohlfahrtsbilanz partizipierender Staaten führen.[25]

Entscheidend für die positive Bilanz einer Freihandelszone wäre demnach das Überwiegen handelsschaffender gegenüber handelsumlenkenden Effekten.

Allheilmittel Freihandel bei ungleichen Partnern?

Die NAFTA als Freihandelsabkommen ungleicher Partner birgt gewisse Chancen, aber auch besondere Risiken für alle Beteiligten.

Losgelöst von diesem Paradebeispiel einer Nord-Süd-Kooperation zwischen Industrie- und Schwellenland werden im Folgenden Argumente angeführt, die sich für oder gegen das Eingehen solch einer ökonomischen Integration aussprechen.

Der schon von Viner angeführte positive Effekt der statischen Handelsschaffung lässt sich um dynamische Wirkungen erweitern. Höhere Skalenerträge in einem wachsenden, dem Freihandel unterliegenden Markt befördern die Produkt-effizienz und führen in Kombination mit zunehmender Konkurrenz zu Preissenkungen, die wiederum Wachstumseffekte auslösen.[26]

Von besonderem Wert für Schwellenländer ist der, durch Wissensaustausch mit den Partnerländern angeregte Lern- und Technologieeffekt. Im Schutz der Freihandelszone könnte sich so eine rückständige Wirtschaft weiterentwickeln, um zukünftig den Anforderungen des Weltmarktes gewachsen zu sein.[27]

Zusätzlich zu dem Wissenstransfer profitiert eine schwache Volkswirtschaft von Direktinvestitionen aus den Mitgliedsländern aber auch aus Drittstaaten, die damit Außenzölle umgehen wollen und sich den Zugang in die Freihandelszone „erkaufen".

Nicht zu vergessen ist auch der politische Zugewinn eines solchen Wirtschafts-abkommens. Auch ohne eine gemeinsame Wirtschaftspolitik wird der politische

---

25 Vgl. Bhagwati, 2002, S. 107f.

26 Vgl. Rose/ Sauernheimer, 2006, S. 648f.

27 Vgl. Schirm, 1999, S.35ff.

Dialog auf verschiedensten Themengebieten wie z.B. der Migrationsproblematik oder dem Umweltschutz zunehmen.

Die sich aus einer Freihandelszone ergebenden Risiken stellen insbesondere für das wirtschaftlich schwächere Partnerland eine nicht zu unterschätzende Gefahr dar. Die wohlfahrtsmindernde Wirkung der Handelsumlenkung trifft bei einer ungleichen Partnerschaft besonders das Entwicklungsland hart, da der Inlandskonsum sowie die Produktion des Industrielandes zwar profitieren, die Zolleinnahmen aus dem einstigen Import der Weltmarktgüter aber nun entfallen. Das bedeutet, dass die negativen Folgen der Handelsumlenkung im Wesentlichen von dem Entwicklungsland zu tragen sind, während das Industrieland von der Zollfreiheit im Vertragsgebiet profitiert.[28]

In der Folge ist es durchaus denkbar, dass ineffiziente Betriebe vor allem im Entwicklungsland verortet sind und der neuen Konkurrenz aus dem Mitgliedsland nicht gewachsen sind. Die begrüßenswerte effizientere Faktorallokation in der Freihandelszone würde dann maßgeblich zu Lasten des wirtschaftlich schwächeren Landes verwirklicht.[29]

Sofern die Etablierung des Freihandels aber auch Wirtschaftsbranchen des Entwicklungslandes begünstigt, stellt sich eventuell das Problem der ungleichen Einkommens- und Wirtschaftsentwicklung zwischen diesen ökonomisch florierenden Regionen und den eher rückständigen Landesteilen. Diese sich besonders in der Grenzregion zum wirtschaftsstarken Partnerland konzentrierenden Produktionszentren verursachen Migrationsbewegungen und soziale Spannungen. Eine ausgleichende nationale Wirtschaftspolitik aus Elementen der Wirtschaftsförderung benachteiligter Regionen und Umverteilungsprozesse zugunsten der „Freihandelsverlierer" hat dem Sachverhalt Rechnung zu tragen.

Die Hoffnung auf eine langfristige Angleichung der Löhne zwischen den ungleichen Partnern, wie vom Faktorpreisausgleichstheorem angenommen, setzt einen Gemeinsamen Markt voraus. Da in einer Freihandelszone jedoch keine uneingeschränkte Faktormobilität herrscht, bleibt auch dieser positive Effekt dem Entwicklungsland verwehrt.[30]

---

28 Gemäß Berechnungen Panagariyas müsse Mexiko durch Effekte der Handelsumlenkung im NAFTA- Raum einen jährlichen Verlust von 3 Mrd. US $ hinnehmen. Vgl. Bhagwati, 2002, S. 109.

29 Vgl. Krugman/ Obstfeld/ Melitz, 2012, S. 349.

30 Vgl. Pehlke, 2002, S. 56.

Die Darstellung positiver wie negativer Facetten zeigt das breite Spektrum der Entwicklungsmöglichkeiten der Partner innerhalb einer Freihandelszone auf.

Auf der Basis theoretischer Modellannahmen sowie der hier gezeigten Überlegungen soll sich diese Arbeit aber nun einer konkreten Betrachtung des Freihandelsabkommens NAFTA aus der Sicht Mexikos zuwenden.

Das NAFTA-Vertragswerk

Der NAFTA-Vertrag als trilaterales Abkommen wird in der wissenschaftlichen Auseinandersetzung häufig auch als eine, zwei bilaterale Verträge der USA mit ihren Nachbarländern unter einem Dach vereinende Regelung verstanden.[31] Daher und aufgrund des vergleichsweise geringen Handelsvolumens zwischen Mexiko und Kanada wird in den folgenden Ausführungen eine Fokussierung auf die Akteure Mexiko und USA vorgenommen. Dieses Kapitel soll durch die Betrachtung der mit dem NAFTA-Beitritt verknüpften Erwartungen sowie in Verbindung mit den vertraglichen Zielvorgaben die Basis schaffen, um eine Einschätzung zur Vorteilhaftigkeit des Abkommens aus mexikanischer Sicht abgeben zu können.

Die Entstehung des Freihandelsabkommens

Die über Jahrzehnte durch Protektionismus und Abschottung vom US-Markt geprägte mexikanische Wirtschaftspolitik gelangte mit der Zahlungsbilanzkrise von 1976 an ihre Grenzen. Auch der zunehmende Erdölexport konnte bei ausbleibender Preissteigerung auf dem Weltmarkt ein wachsendes Handelsbilanzdefizit nicht verhindern. Enorme Staatsausgaben, eine Auslandsverschuldung in Höhe von 86,02 Mrd US-Dollar und eine Inflationsrate von 98,8 % gipfelten letztendlich in der Schuldenkrise von 1982, die internationale Ausmaße annahm.[32]

Vermittlungsbemühungen der USA und Strukturanpassungsprogramme des IWF bereiteten anschließend den Boden für eine Politik der Marktöffnung unter Präsident De la Madrid Hurtado. Mit dem Beitritt Mexikos zur GATT 1986 wurde eine erste wichtige Hürde auf dem Weg zu einer neoliberalen Wirtschaftsausrichtung genommen. Die ab 1988 von Präsident Salinas de Gortari fortgesetzte Politik der wirtschaftlichen Öffnung versuchte die Abhängigkeit von den USA zu reduzieren, fand ironischer weise allerdings lediglich in den Vereinigten Staaten einen zur engeren wirtschaftlichen Verflechtung bereiten Partner.[33]

---

31 Vgl. Scheerer, 2004, S. 4.

32 Vgl. Melchor del Rio, 2008, S.36f.

33 Vgl. Sangmeister/ Melchor del Rio, 2004, S. 65ff.

Basierend auf dem bereits 1989 in Kraft getretenen bilateralen Freihandelsabkommen CUSFTA zwischen den USA und Kanada begab man sich ab 1991 in trilaterale Verhandlungen über die Bildung einer Nordamerika umfassenden Freihandelszone.

Trotz tiefsitzender anti-amerikanischer Ressentiments und einer lange Jahre um Autonomie von den USA bemühten Außenpolitik, bestand auch schon vor Inkrafttreten der NAFTA eine intensive wirtschaftliche Kooperation.

Als bestes Beispiel hierfür kann das Maquiladora-Programm angeführt werden, das seit 1965 US-Unternehmen im mexikanischen Grenzgebiet die zollfreie Herstellung und den Reexport der Waren in die USA erlaubt. Neben der räumlichen Nähe zu den USA und den damit verbundenen niedrigen Transportkosten zeichnet sich die Grenzregion besonders durch das große Angebot an Fachkräften bei gleichzeitig niedrigem Lohnniveau aus.[34] Die in den Maquiladoras gefertigten und in die USA exportierten Güter machten 1989 einen Anteil von 44 % an den Gesamtausfuhren Mexikos aus.[35] Zieht man zudem in Betracht, dass Mexikos Exportwirtschaft in den 1980er Jahren insgesamt gesehen von dem Außenhandel mit den USA dominiert war, so ist nachzuvollziehen, weshalb in der Fachliteratur von einer „silent integration"[36] gesprochen wird.

Das wirtschaftliche Interesse Mexikos sowie die Absicht der Vereinigten Staaten, nach Enttäuschungen in der Uruguay-Runde Druck auf die GATT in Fragen multilateraler Handelsliberalisierung auszuüben,[37] war Ansporn genug, die Verhandlungen für ein nordamerikanisches Freihandelsabkommen zügig zu einem Ende zu bringen. Nach einer Fünf-Phasen-Verhandlung von Juni 1991 bis Dezember 1992 erfolgte am 17.12.1992 die Unterzeichnung des North American Free Trade Agreement. Auf Verlangen des neuen US-Präsidenten Clinton wurde eine Erweiterung des Vertragswerks um die Bereiche Umweltschutz und Arbeitsmarktregelungen beschlossen.

Um diese Zusatzverträge ergänzt, trat das Freihandelsabkommen am 01.01.1994 in Kraft.[38]

---

34 Vgl. Moreno- Brid/ Santamaria/ Rivas Valdivia, 2005, S. 1097f.

35 Vgl. Dunker, 2002, S. 76.

36 Schirm, 1997, S. 49.

37 Vgl. Defago/ Busch, 2001, S. 28; Mann, 2006, S. 179f.

38 Vgl. Melchor del Rio, 2008, S.137.

Hoffnungen der Befürworter

Die eingehende Beschäftigung mit den, an die NAFTA-Mitgliedschaft geknüpften Hoffnungen und Ziele, ist von entscheidender Bedeutung, um an späterer Stelle eine Bewertung des Abkommens vornehmen zu können.

Prinzipiell stellt Melchor del Rio fest, dass eine intensive gesellschaftliche Debatte über das Für und Wider eines NAFTA-Beitritts in Mexiko nicht stattgefunden habe. Die bereits in den 1980er Jahren eingeleitete wirtschaftliche Öffnung und Kooperation mit den USA schuf ein positives Verhandlungsklima und stimmte die Bevölkerung optimistisch einen nächsten Schritt in Richtung ökonomischer Integration zu wagen.[39]

Die mexikanische Regierung war zuvorderst bestrebt, den eingeschlagenen wirtschaftspolitischen Kurs neoliberaler Reformen durch den Vertragsabschluss zu manifestieren und einen ungehinderten Zugang zu dem wichtigsten Auslandsmarkt festzuschreiben. Die mexikanische „Apertura" als Politik der Marktöffnung war damit unmittelbar an einen Erfolg der NAFTA geknüpft.[40] Die Politik ökonomischer Reformen sollte durch ihre Institutionalisierung in der NAFTA einen langfristig bindenden Charakter erhalten und als unantastbares Faktum in der mexikanischen Politik etabliert werden.[41]

Auch die sich in der Vergangenheit als katastrophal erwiesene zu starke Abhängigkeit von Erdölexporten sollte zukünftig durch die Marktöffnung umgangen werden.[42]

Des Weiteren wollte man sich durch ein privilegiertes Handelsverhältnis mit den USA von den übrigen lateinamerikanischen Staaten abheben.[43]

Einhergehend mit diesen Zielen der mexikanischen Politik erhoffte sich die breite Bevölkerung einen Wachstumsstimulus für die gesamte mexikanische Wirtschaft. Niedrige Löhne und attraktive Standorte in räumlicher Nähe zu den USA sollten Produktionsverlagerungen auslösen und Direktinvestitionen anziehen. Von Investitionen und Know-how Transfers erwartete sich Mexiko

---

39 Vgl. Melchor del Rio, 2008, S.139.

40 Vgl. Hufbauer/ Schott, 2005, S. 3.

41 Vgl. Kose/ Meredith/ Towe, 2004, S. 7.

42 Vgl. Sangmeister/ Melchor del Rio, 2004, S. 67.

43 Vgl. Groezinger, 2010, S. 53.

einen Anstieg der Effizienz im Produktionssektor und eine daraus resultierende verbesserte internationale Wettbewerbsfähigkeit der eigenen Wirtschaft.[44]

In der Folge versprach man sich davon zusätzlich entstehende Arbeitsplätze und Lohnsteigerungen.[45] Die Beseitigung von Armut und die Anhebung des allgemeinen Lebensstandards würden sich wiederum positiv auf das Konsumverhalten auswirken.

Befürchtungen der Gegner

Die wenigen kritischen Stimmen zu dem Freihandelsvorhaben sollen neben aller Euphorie aber auch Erwähnung finden, um sie an entsprechender Stelle auf ihre Berechtigung hin zu prüfen.

Das Misstrauen gegenüber den Vereinigten Staaten, dass bis zum verlorenen Krieg von 1848 und dem Verlust der Hälfte des damaligen Hoheitsgebiets zurückreicht, war Anlass in dem NAFTA-Abkommen eine Gefahr für die wirtschaftliche und politische Souveränität Mexikos zu sehen.[46] Zusätzlich zur Dominanz der USA befürchteten Teile der mexikanischen Gesellschaft „einen Ausverkauf des Landes an die USA"[47].

Während der Oppositionsführer Cuauhtemoc Cardenas die Regierung im Wahlkampf 1988 noch scharf für ihre Annäherungspolitik an die USA kritisierte, konnte sich diese des Rückhalts in den exportorientierten Teilen der mexikanischen Wirtschaft gewiss sein. Das NAFTA ablehnende Lager formierte sich überwiegend aus ehemals vom Staat subventionierten, binnenorientierten Wirtschaftskreisen. Die im Vorgriff auf die NAFTA massiv reduzierten Zölle sowie der Zwang, nun über Exporte Devisen erwirtschaften zu müssen, führten zu einer Verdoppelung der Bedeutung des Exportsektors gemessen an seinem Anteil am Bruttosozialprodukt.[48] Vor diesem Hintergrund ist verständlich, weshalb den NAFTA-Kritikern innerhalb Mexikos kein allzu großes Gewicht beigemessen wurde.

---

44 Vgl. Scheerer, 2004, S. 5.

45 Vgl. Angeles Villarreal, 2010a, S. 1.

46 Vgl. Schirm, 1997, S. 50.

47 Dunker, 2002, S. 78.

48 Der Anteil des Exportsektors am BSP stieg im Zeitraum 1980- 1990 von 7% auf 14%. Vgl. Schirm, 1999, S. 179.

Aufbau und Ziele der NAFTA

Dem Leitgedanken aller Beteiligter folgend, durch die Bildung einer Freihandelszone keine Souveränitätsverluste hinnehmen zu wollen, verfügt die NAFTA anders als andere internationale Organisationen nur über sehr rudimentäre institutionelle Strukturen.[49] Im Vergleich mit der Europäischen Union sprechen Hufbauer und Schott sogar von „polar opposites"[50].

Das Leitungsorgan der NAFTA stellt die Freihandelskommission, bestehend aus ministerialen Vertretern der jeweiligen Mitgliedsländer, dar. Unterstützend steht der Kommission das Sekretariat zur Seite, das die Aufgaben der acht Unterausschüsse der NAFTA koordiniert und bei Meinungsverschiedenheiten zwischen den Vertragspartnern als Streitschlichter fungiert.[51]

Wie Groezinger jedoch feststellt, kann die NAFTA-Verwaltungsstruktur aufgrund ihrer unzureichenden Mittelausstattung sowie ihrer äußerst dünnen Personaldecke von weniger als 1000 Mitarbeitern weder ihre Routineaufgaben vollends erfüllen noch ihrer Rolle als Streitschlichter umfassend gerecht werden.[52]

Das NAFTA-Vertragswerk setzt sich aus einem Hauptvertrag, den von der Clinton Administration angestoßenen Nebenabkommen sowie separater, bilateraler Agrarabkommen zwischen den USA und Mexiko und zwischen Kanada und Mexiko zusammen.

Für die in diesem Kapitel zu besprechende Zielsetzung der NAFTA sind die Inhalte des Artikels 102 des Vertrags wesentlich. Dieser beinhaltet folgende Kernaussagen:

- Den Abbau der Handelshemmnisse und die Erleichterung des grenzüberschreitenden Waren- und Dienstleistungsverkehrs.
- Die Förderung fairer Wettbewerbsbedingungen.
- Die Steigerung der Investitionsbedingungen innerhalb des Vertragsgebietes.
- Das Sicherstellen eines angemessenen Schutzes geistigen Eigentums.

---

49 Vgl. Dunker, 2002, S. 143.

50 Hufbauer/ Schott, 2005, S. 61.

51 Vgl. Melchor del Rio, 2008, S.141f.

52 Vgl. Groezinger, 2010, S. 101.

- Die Schaffung effektiver Verfahren für die Einführung und Anwendung dieses Abkommens, sowie für die Verwaltungsstruktur und die Streitschlichtung.

- Die Errichtung eines Rahmenwerkes für eine weiterführende trilaterale, regionale und multilaterale Kooperation, zum Zwecke eines gesteigerten Nutzens dieses Abkommens.[53]

In Ergänzung zu den in Artikel 102 formulierten Zielstellungen basiert das Miteinander der Handelspartner gemäß Artikel 301 auf den Grundprinzipien der Inländergleichbehandlung und des Meistbegünstigungsrechts.[54] Die Gleichbehandlung sieht vor, dass eine Besteuerung von Produkten einheitlich und unabhängig von der Herkunft innerhalb des NAFTA-Raums zu erfolgen hat. Die Beachtung des Meistbegünstigungsprinzips soll verhindern, dass Handelspartner von dritter Seite gegenüber NAFTA-Mitgliedsländern wirtschaftliche Vorteile erfahren.[55]

Die Bestimmungen zur Handelsliberalisierung sind für ein Freihandelsabkommen äußerst weitreichend und gehen über Fragen des reinen Zollabbaus weit hinaus. Mehr noch als in der Zollreduktion liegt der Fokus auf der Beseitigung nicht-tarifärer Handelshemmnisse. Weiterhin soll der gemeinsame Wirtschaftsraum durch erweiterte Möglichkeiten zur Direktinvestition und durch allgemein verbindliche Normen der Rechtssicherheit gestärkt werden.[56]

Die Nebenabkommen zu den Themen Umweltschutz und Arbeitnehmerrechte sind dem politischen Druck von Gewerkschaften und Umweltschutzverbänden in den USA zu Zeiten des Präsidentschaftswahlkampfs Bill Clintons geschuldet.[57] Auch wenn einer grassierenden Umweltverschmutzung an den mexikanischen Produktionsstätten vorgebeugt und ein gewisses Maß an einheitlichen Arbeitsrechten etabliert werden sollte, sind die Vereinbarungen doch vehementer Kritik ausgesetzt, da lediglich nationale Arbeits- und Umweltschutzbestimmungen in den Partnerländern Anwendung finden.[58]

---

53 Übersetzung des Artikels 102 NAFTA-Vertrag aus dem Englischen, siehe Anhang, Abb. 3.

54 Siehe Anhang, Abb. 4.

55 Vgl. Mann, 2006, S. 186.

56 Vgl. Defago/ Busch, 2001, S. 26.

57 Vgl. Hufbauer/ Schott, 1993, S. 7f.

58 Vgl. Jahn, 2005, S. 4.

Da das Recht über die Bestimmung der Außenzölle in nationaler Hand verbleibt, stellt der Umgang mit den sogenannten Ursprungsregeln einen weiteren bedeutenden Kernbestandteil des Abkommens dar.

Weil die NAFTA keine Zollunion darstellt, mussten vertragliche Regelungen formuliert werden, um die Einfuhr von Waren über das Mitgliedsland mit dem niedrigsten Zollsatz zu verhindern. Großen Raum nehmen daher die detaillierten Regelungen zum Ursprung verschiedenster Waren in dem Vertragstext ein. Die grundlegenden Bestimmungen zur Ursprungsbegründung finden sich in Artikel 401 und werden in den Folgeartikeln näher ausgeführt.[59] Darauf aufbauende Sonderregelungen für die einzelnen Wirtschaftszweige und zahlreiche Regel-Ausnahme- Systeme verkomplizieren die praktische Anwendung.[60] Dies führt mithin dazu, dass Wirtschaftsunternehmen auf die kostentreibende Nachweisführung verzichten und stattdessen dazu übergehen, die Entrichtung von Zöllen zu präferieren.[61]

Ausnahmeregelungen des Vertragstextes

Eine umgehende vollständige Liberalisierung des Handels hätte für die nicht konkurrenzfähige mexikanische Industrie katastrophale Auswirkungen gehabt. Als sinnbildlich für den Wunsch nach temporärem Schutz bestimmter Wirtschaftszweige sind daher die von den Vertragspartnern beschlossenen Ausnahmeregelungen zu betrachten. Sprechen Hufbauer und Schott 1993 in Zusammenhang mit den Ausnahmeregelungen noch von einem „schizophrenic result"[62], so kommen sie im Jahr 2005 zu dem Schluss, dass diese Sonderstatute der Preis waren, den man für die Realisierung der Freihandelszone bereit sein musste zu zahlen.[63]

In den folgenden Unterkapiteln soll untersucht werden, ob Mexiko während der Vertragsverhandlungen in der Lage war, in Ausnahmeregelungen einen zeitweisen Schutz der eigenen rückständigen Wirtschaftszweige festzuschreiben, bevor diese sich nach Ende der Übergangsfristen der harten Konkurrenz aus den beiden NAFTA-Industriestaaten zu stellen hatten.

---

59 Siehe Anhang, Abb. 5.

60 Vgl. Pethke, 2002, S. 282f.

61 Vgl. Mann, 2006, S. 187.

62 Hufbauer/ Schott, 1993, S. 3.

63 Vgl. Hufbauer/ Schott, 2005, S. 6.

Der Automobilsektor

Mit einem wertmäßigen Anteil von einem Fünftel am gesamten Warenhandel innerhalb der NAFTA kommt dem Automobilsektor eine besondere Bedeutung zu.

Anders als Kanada und die USA, die mit dem „Auto Pact" von 1965 und der CUSFTA bereits eine Integration der Automobilwirtschaft vorgenommen hatten, kann man Mexiko in diesem Bereich enormen Nachholbedarf bescheinigen. Erst mit dem GATT- Beitritt Mexikos 1986 wurde begonnen, die stark protektionistische Wirtschaftspolitik zu lockern und die mexikanische Automobil- und Zulieferindustrie an die „Spielregeln" liberalisierter Märkte zu gewöhnen. So verwundert es nicht, dass mexikanische Unterhändler bestrebt waren, der eigenen Automobilbranche eine vertraglich fixierte Übergangsfrist von 10 Jahren bis zur vollständigen Marktöffnung einzuräumen.

Im Rahmen dieser Übergangsregelung senkte Mexiko schon 1994 seine Zölle auf importierte Kraftfahrzeuge aus den USA und Kanada von ursprünglich 20 auf 10 %. Sukzessive wurden auch die nicht- tarifären Handelshemmnisse wie z.B. das „trade-balancing requirement"[64] gesenkt und bis zum Jahr 2004 endgültig abgeschafft.

Doch der Preis, den Mexiko für die Gewährung dieser Schonfrist zu zahlen hatte, war hoch. Auf Druck von General Motors, Ford und Chrysler, der „Big Three" der US-amerikanischen Autoindustrie, einigte man sich auf Ursprungsregeln, die einen Wertschöpfungsanteil von anfangs 50 % und eine Steigerung auf 62, 5 % bis zum Jahr 2002 vorsahen.[65] Aufgrund der im Vergleich zu den USA und Kanada deutlich niedrigeren Lohnkosten erschwerte es diese Bestimmung Mexiko, die Mindestwertschöpfung überhaupt zu erreichen.[66] Die durch das Maquilladora-Programm bereits seit langem in dem mexikanischen Markt etablierten „Big Three" gedachten, durch diese Bestimmung den Zugang zu dem NAFTA-Raum für neue Konkurrenz aus Drittstaaten zu erschweren.

---

64 Das "trade-balancing requirement" sah noch 1994 vor, für den Wert importierter Waren je Dollar einen Warenexport in Höhe von 1, 75 $ für das Unternehmen vorzuschreiben. Bis 2003 wurde das Verhältnis auf 1 zu 0,55 $ reduziert. Vgl. Hufbauer/ Schott, 2005, S. 370.

65 Vgl. Pethke, 2002, S. 289f.

66 Vgl. Scheerer, 2004, S. 9.

Ausländische Autobauer sollten so möglichst davon abgehalten werden, Mexiko als Plattform zu nutzen, um den US- Automarkt bedienen zu können.[67]

In Anlehnung an die theoretischen Überlegungen zu der Sinnhaftigkeit von Freihandelszonen sieht Groezinger in diesen Regelungen einen möglichen Auslöser handelsumlenkender Effekte.[68] Auch wenn den US- Automobilriesen durch dieses Zugeständnis Wettbewerbsvorteile gewährt wurden, so kann die Ausnahmeregelung insgesamt gesehen aber als „win-win-Lösung" eingestuft werden. Mexiko nutzte die gewährte Zeitspanne von 10 Jahren, um notwendige Reformprozesse einzuleiten und seine Automobilindustrie auf die neue Konkurrenzsituation vorzubereiten. Hufbauer und Schott kommen sogar zu dem Schluss, dass sich die mexikanischen Zulieferbetriebe schneller als erwartet an die Marktöffnung angepasst hätten und internationalem Konkurrenzdruck nun gewachsen seien.[69]

Die Landwirtschaft

Der Schutz der nationalen Landwirtschaften hatte für sämtliche NAFTA-Staaten einen so hohen Stellenwert, dass die Aushandlung von Ausnahme-regelungen in dem Abschluss zweier bilateraler Abkommen gipfelte.

Der Zollabbau zwischen den Handelspartnern vollzog sich über einen Zeitraum von 15 Jahren, in denen die USA ihren Zollsatz für die Einfuhr mexikanischer Agrarprodukte anfangs um 61 % senkten und diesen schrittweise gänzlich aufhoben.

Die erst in den 1980er Jahren begonnene Privatisierung der mexikanischen Landwirtschaft bedurfte eines besonderen Schutzes. Erst 1999 wurde die mexikanische Behörde zur staatlichen Verteilung von Agrarflächen und -gütern endgültig aufgelöst.[70] Der Zollabbau gegenüber Einfuhren aus den USA betrug daher im Jahr 1994 lediglich 36 %. Obwohl Exportsubventionen gemäß den NAFTA- Regularien unzulässig sind, bleibt die inländische Subventionierung der eigenen Landwirtschaft jedem Mitgliedsland überlassen.[71]

---

67 Vgl. Manger, 2009, S.80f.

68 Vgl. Groezinger,2010, S. 69.

69 Vgl. Hufbauer/ Schott, 2005, S. 370f.

70 Vgl. Angeles Villarreal, 2010a, S. 11f.

71 Vgl. Melchor del Rio, 2008, S.150f.

Da Mexiko in Fragen der Agrarsubventionierung nicht mit den USA Schritt halten konnte, ist das Handelsdefizit in diesem Sektor seit Vertragsschluss stetig ansteigend.[72]

Besonders schmerzhaft ist in diesem Zusammenhang, dass das wichtigste mexikanische Grundnahrungsmittel Mais mittlerweile zu einem Viertel aus den USA importiert wird. Wie Binswanger festhält, konnten die USA ihren Maisexport nach Mexiko durch Dumpingpreise von 1993 bis 2000 um das 18-fache steigern.[73]

Letztendlich bleibt aber festzuhalten, dass die mexikanischen Probleme im landwirtschaftlichen Sektor im Wesentlichen auf jahrzehntelange Misswirtschaft, eine unzureichende Infrastruktur und eine geringe Produktivität zurückzuführen sind. Die Fähigkeit der Vereinigten Staaten, ihre Landwirtschaft massiv subventionieren zu können, ist daher im Zuge der Marktöffnung als besonders fatal zu bewerten. Da ein Verbot von Inlandssubventionen zu keiner Zeit zur Debatte stand, stellt die Übergangsfrist von 15 Jahren bis zum vollständigen Zollabbau allerdings die einzig mögliche Konzession an die mexikanische Landwirtschaft dar.

Die Textilindustrie

Mit dem „triple transformation test" und der „yarn- forward" Regel haben die NAFTA- Partner besonders rigorose Ursprungsregeln zum Schutz der eigenen Textilproduzenten geschaffen. Diese Bestimmungen zum Ausschluss übriger Konkurrenten sehen vor, dass das verwendete Garn in Nordamerika hergestellt wurde und der Zuschnitt der Textilien in dem NAFTA- Raum erfolgte.[74] Damit das Endprodukt die Bedingungen des zollfreien Handels erfüllt, muss überdies hinaus die verarbeitete Baumwolle zum Teil ebenfalls nordamerikanischen Ursprungs sein.

Im Vergleich zu übrigen Ursprungsregeln in anderen Branchen, die sich auf den Anteil der Wertsteigerung beziehen, werden textile Endprodukte an dem gewichtsmäßigen Anteil des verarbeiteten Garns gemessen. So kommt ein Hersteller in den Genuss der Zollfreiheit für sein Produkt, sofern weniger als 7 % des verarbeiteten Materials aus Nicht- NAFTA- Staaten stammt.[75]

---

72 Vgl. Scheerer, 2004, S. 11.

73 Vgl. Binswanger, 2008, S. 17.

74 Vgl. Hufbauer/ Schott, 1993, S. 44.

75 Vgl. Pethke, 2002, S. 291.

Bei durchschnittlichen Stundenlöhnen von 2,3 Dollar in der Textilindustrie konnte sich Mexiko einen handelsschaffenden Effekt von der Freihandelszone erhoffen.[76]

Im Vergleich mit den USA müsste das mit einfacher Arbeit reichlich ausgestatte Mexiko, gemäß den theoretischen Vorüberlegungen, in der arbeitsintensiven Konfektionsschneiderei einen Vorteil besitzen. Der ungehinderte Zugang zu den nordamerikanischen Märkten verschaffte Mexiko einen zusätzlichen Vorsprung gegenüber anderen mittel- und südamerikanischen Textilproduzenten.

In der Realität erwiesen sich jedoch die komplexen Ursprungsregelungen mit der detaillierten Nachweisführung als nachteilig. Zudem konnte der mit diesen Regelungen bezweckte Protektionismus nicht den gewünschten Schutz vor den Entwicklungen auf dem Weltmarkt bieten. Eine Abwanderung von über 60 % der textilverarbeitenden Betriebe nach China seit dem Jahr 2000 war die Folge.[77]

Der Energiebereich

Der Anstoß, Ausnahmeregelungen im Energiebereich zu beschließen, ging massiv von mexikanischer Seite aus. Waren im Bereich der Automobilregelungen die US-amerikanischen „Big Three" tonangebend, so zeigte sich an dieser Stelle der Verhandlungen der Einfluss der staatlichen mexikanischen Erdölgesellschaft PEMEX.

Vitales nationales Interesse bestand für Mexiko im Erhalt der Souveränität in der Erdölförderung. Aus dem in der Verfassung von 1917 verankerten Prinzip der staatlichen Verfügungsgewalt über die natürlichen Ressourcen wurde 1938 das Recht abgeleitet, sämtliche Erdölkonzerne zu verstaatlichen und in der PEMEX zu vereinheitlichen.[78] In den Verhandlungen zum NAFTA- Vertrag setzte sich die mexikanische Seite durch und verhinderte eine weitergehende Liberalisierung des Energiesektors. Gleichwohl sind die Vertragspartner an die GATT- Statuten gebunden und dürfen daher keine mengenmäßigen Handelsbeschränkungen und Preisvorschriften erlassen.[79]

---

76 Vgl. Deutsche Außenhandelskammern, 2011, S. 45.

77 Vgl. Groezinger, 2010, S. 92.

78 Vgl. Melchor del Rio, 2008, S.151f.

79 Vgl. Dunker, 2002, S. 198.

Als Folge dieser Regelungen fand keine Harmonisierung in der Energiepolitik statt. Besonders die US- Vertreter hatten sich auf diesem Gebiet, in Anbetracht der immer noch vorherrschenden Abhängigkeit von Erdölimporten aus dem Mittleren Osten, ein Entgegenkommen Mexikos gewünscht.[80]

Die Gewinne aus der Erdölförderung stellen mit einem Drittel an den Gesamtstaatseinnahmen eine äußerst wichtige finanzielle Säule des Staatshaushalts dar.[81] Wie der IWF vorrechnet, sind die erschlossenen Quellen bei jetziger Fördermenge allerdings in 10 Jahren erschöpft. Um die wachsende Inlandnachfrage sowie die Exportpartner bedienen zu können, sind 2008 umfassende Reformen eingeleitet worden, die die PEMEX für private Investoren und Dienstleister öffnen sollten.[82]

Auch wenn die Zölle auf Kohle und Sekundärerzeugnisse der Petrochemie mittlerweile abgeschafft sind, muss doch der nationale Protektionismus in der Erdölförderung kritisiert werden. Vor dem Hintergrund endlicher Ressourcen und einer schon längst vollzogenen Integration des kanadischen und des US-Energiemarktes, darf prognostiziert werden, dass sich Mexiko mit diesen selbstauferlegten Ausnahmeregelungen einen Bärendienst erwiesen hat.

---

80 Vgl. Hufbauer/ Schott, 2005, S. 413f.

81 Die Einnahmen beliefen sich 2011 auf 240,2 Mrd Pesos, siehe Anhang, Tab. 1.

82 Vgl. IMF, 2011, S. 30.

Die Wirtschaft Mexikos – Eine Analyse ausgewählter Indikatoren

Die Auswirkungen des NAFTA- Abkommens auf die mexikanische Volkswirtschaft sollen mit Hilfe der folgenden Unterkapitel analysiert werden.

Die Schwierigkeit dieser Analyse besteht in der Tatsache, dass der Einfluss der Freihandelszone auf Mexiko nicht losgelöst von übrigen globalen und regionalen wirtschaftlichen Entwicklungen betrachtet werden kann. Beispielsweise sind die Folgen der in den 1980er Jahren begonnen wirtschaftlichen Öffnung Mexikos mit dem Beitritt zur GATT sowie der weltweite Trend zur Handelsliberalisierung schwerlich von den Auswirkungen der NAFTA abzugrenzen.

Die Entwicklung des Außenhandels

Im Folgenden soll der Frage nachgegangen werden, in welchem Ausmaß das NAFTA-Abkommen auf den mexikanischen Außenhandel einwirkt.

Die in vielen wirtschaftlichen Bereichen umgehend umgesetzte Aufhebung der Zölle und nicht- tarifärer Handelshemmnisse musste der Natur der Sache nach zumindest direkten Einfluss auf die Entwicklung des mexikanischen Handels mit seinen NAFTA- Partnern haben. In der Tat kann nachgewiesen werden, dass sich der Handel mit den USA und Kanada gemessen in Dollar von 1993 bis 2002 verdreifacht hat und 2002 einen Anteil von 40% an dem Bruttoinlandsprodukt Mexikos ausmachte.[83] Zeitgleich stieg der Warenimport in die USA aus NAFTA- Staaten um 179%. Diese imposanten Zahlen werden allerdings durch die nüchterne Feststellung des Congressional Budget Office der USA und der Weltbank konterkariert, dass 91% des von NAFTA-Ländern verursachten US-Importwachstums auch ohne ein Abkommen realisiert worden wäre.[84]

Deutliche Exportzuwächse in die USA mit durchschnittlich 7,6% pro Jahr konnte die mexikanische Wirtschaft schon vor Beginn der NAFTA- Ära verzeichnen. Überdies hinaus weist Salvatore aber darauf hin, dass das Wachstum der Gesamtexporte Mexikos von 1994 bis 2005 mit durchschnittlich 9,3% jährlich den Exportzuwachs in die USA mit 0,1% überflügelte.[85]

---

83 Vgl. Kose/ Meredith/ Towe, 2004, S. 28.

84 Vgl. Hornbeck, 2004, S. 2.

85 Siehe Anhang, Tab. 2.

Demnach hätte das NAFTA- Abkommen keinen überaus markanten Einfluss auf den Handel mit den USA gehabt.

Hornbeck hält dem entgegen, dass die Weltbank Mexiko ohne das NAFTA-Abkommen eine um 25% niedrigere weltweite Exportrate prognostizieren würde.[86] Die Bedeutung des NAFTA- Abkommens für Mexikos Außenhandel hätte demzufolge eine globale Dimension.

Auch wenn von dem Abkommen nur moderate Exportzuwächse in die USA ausgegangen sein sollten, konnte Mexiko durch den nun freien Zugang in den US- Markt eine breite Warenpalette offerieren.[87] Die damit bezweckte Reduktion der Abhängigkeit von den Einnahmen aus den Erdölexporten war, wie schon einmal erwähnt, ein erklärtes Ziel der mexikanischen Regierung. Durch die Neuzusammenstellung der Exportwaren konnte Mexiko im Jahr 2010 mehr als 82% seiner Erlöse durch die Ausfuhr von Industrieprodukten erzielen.[88] Damit war ein wesentliches Ziel des NAFTA- Beitritts, die Dominanz der Petro- Einnahmen im mexikanischen Staatshaushalt abzubauen, erreicht.

Eine besondere Belebung erfuhr der intra-industrielle Handel mit in Mexiko endmontierten industriellen Vorprodukten. Von den Exporterlösen profitieren ca. 7.000 Unternehmen, die überwiegend Tochtergesellschaften von US-Konzernen darstellen. Von insgesamt 2 Millionen in Mexiko registrierten Unternehmen ist allerdings nur ein Bruchteil von 37.000 Firmen überhaupt im Exportgeschäft tätig.[89] Trotz handelsliberalisierender Maßnahmen durch das NAFTA-Reglement scheint Mexiko noch einen langen Weg bis zum Erreichen einer stabilen Exportwirtschaft beschreiten zu müssen.

Die Ausrichtung des mexikanischen Außenhandels zielt klar auf die Vereinigten Staaten ab. Die Gesamtexporte Mexikos fließen zu 80% in die USA. Damit hat sich Mexiko im internationalen Vergleich in außerordentlichem Maße auf seinen größten Handelspartner fixiert.[90] Die aus dieser Konzentration entstehende Abhängigkeit hat sich durch die wirtschaftliche Integration im NAFTA-Raum verschärft.

---

86 Vgl. Hornbeck, 2004, S. 2.

87 Vgl. IMF, 2011, S. 14.

88 Siehe Anhang, Abb. 6.

89 Vgl. Sangmeister/ Melchor del Rio, 2004, S. 68.

90 Siehe Anhang, Abb. 7.

Mexiko, das häufig auch als „Werkbank" der USA bezeichnet wird, wies im Jahr des Inkrafttretens der NAFTA gegenüber den USA noch ein Handelsdefizit von 1,3 Mrd $ auf. Im Jahr 2009 hatte sich dieses Verhältnis gedreht. Mexiko verzeichnete nun im Handel mit den USA einen Bilanzüberschuss von 70,6 Mrd $.[91] Die Schattenseite des NAFTA- Abkommens für Mexiko wird bei US-Nachfrageschocks deutlich, die unmittelbaren Einfluss auf den Warenabsatz im US- Markt haben.[92]

Erstmals seit Bestehen der NAFTA wurde der mexikanische Außenhandel im Jahr 2001 durch eine abflachende US- Wirtschaftskonjunktur gedämpft. Besonders dramatisch zeigte sich aber die Abhängigkeit des mexikanischen Außenhandels von der wirtschaftlichen Lage in den USA während der Rezession 2008- 2009 als die mexikanischen Exporte im Vergleich zum Vorjahr unmittelbar um 14% einbrachen.[93]

Das mexikanische Wirtschaftswachstum

Dieser Textabschnitt will erörtern, inwiefern das zentrale Ziel des NAFTA-Abkommens, die wirtschaftliche Entwicklung der Mitgliedsstaaten zu fördern, aus Sicht Mexikos erreicht wurde. Ohne Frage besteht eine enge Korrelation zwischen der Exportentwicklung und dem Wirtschaftswachstum,[94] so dass gewisse Parallelen zu den Schilderungen des vorigen Kapitels gezogen werden können.

Einhergehend mit dem rasanten Anstieg des Außenhandels mit den USA wuchs das Bruttoinlandsprodukt Mexikos von 1994 bis 2003 trotz der Peso- Krise um 2,8%. Dies führte dazu, dass Mexiko im Jahr 2001 Brasilien als größte Volkswirtschaft Lateinamerikas ablöste.[95] Als Reaktion auf die sich verlangsamende US- Wirtschaftskonjunktur sank das BIP-Wachstum 2008 auf 1,5% und erlebte im Jahr der Weltwirtschaftsrezession 2009 einen Rückgang um 6,5%.[96]

---

91 Vgl. Angeles Villarreal, 2010a, S. 10f.

92 Vgl. Sosa, 2008, S. 10.

93 Vgl. OECD, 2011a, S. 164.

94 Vgl. IMF, 2011, S. 15.

95 Vgl. Sangmeister/ Melchor del Rio, 2004, S. 67.

96 Vgl. OECD, 2010, S. 212.

Nach einer zügigen Erholung der Wirtschaft in den letzten Jahren wird für den Zeitraum 2013 bis 2015 eine durchschnittliche Wachstumsrate von 3,6% prognostiziert.[97] In Anbetracht der Gesamtheit dieser Zahlen stellt sich nun aber die Frage, welchen Einfluss die NAFTA auf das Zustandekommen dieser Entwicklung hatte?

Hierzu versucht Salvatore eine Antwort zu geben, indem er die Ergebnisse von Langzeitsimulationen der mexikanischen Volkswirtschaft für die Jahre 1994 bis 2005 zu Rate zieht. Mit Hilfe des „United Nation LINK Modells der Weltwirtschaft" wurde für diesen Zeitraum der Einfluss des Freihandels-abkommens auf die mexikanische Volkswirtschaft berechnet. Diese Simulation kommt zu dem Ergebnis, dass das reale BIP- Wachstum im untersuchten Zeitraum ohne das NAFTA- Abkommen um 1,4% niedriger ausgefallen wäre.[98]

Dem IWF zufolge hätte der positive Effekt der NAFTA auf das Wirtschaftswachstum durch entschlossene strukturelle Reformen noch verstärkt werden können.[99] Limitierender Faktor war damit das zögerliche Handeln der mexikanischen Politik in einem Umfeld von staatlicher Bevormundung der Wirtschaft und grassierender Korruption.

Auch Hornbeck sieht einen engen Zusammenhang des sprunghaften mexikanischen Wirtschaftswachstums nach 1994 mit dem Beginn der NAFTA-Ära. Weiterhin verweist Hornbeck auf Studien des Carnegie- Instituts, welche eine Produktivitätssteigerung im industriellen Sektor auf das Bestehen des Freihandelsabkommens zurückführen.[100]

Tatsächlich kann Blecker diese Aussagen mit Zahlen untermauern, die belegen, dass sich die Produktivität in Mexiko von 1990 bis 2003 annähernd verdoppelt hat. Im selben Zeitraum stieg die Produktivität in den USA um 64,5%.[101]

Von dieser Entwicklung profitiert insbesondere der industrielle Sektor mit einer jährlichen Wachstumsrate von 7,4%. Dabei kann die Automobilfertigung durchaus als nachhaltiger Motor des Wirtschaftswachstums bezeichnet werden. Mit enormen 22,8% wuchs dieser Sektor von Jahr zu Jahr kontinuierlich und

---

97 Vgl. Economist Intelligence Unit, 2011, S. 7.

98 Siehe Anhang, Tab. 3.

99 Vgl. Kose/ Meredith/ Towe, 2004, S. 6.

100 Vgl. Hornbeck, 2004, S. 4.

101 Siehe Anhang, Tab. 4.

schöpfte die Möglichkeiten des NAFTA- Abkommens vollständig aus.[102] In Kombination mit dem Maquiladora-Programm stellen die US-Automobilkonzerne und ihre Zulieferbetriebe die bedeutendsten Impulse für das mexikanische Wirtschaftswachstum dar. Die aus mexikanischer Sicht ungünstigen, da Drittstaaten benachteiligenden, Ursprungsregeln im Automobilbereich, koppeln das Wachstum der mexikanischen Wirtschaft unmittelbar an das Gedeihen der US- Autobauer.

Ein anderes Bild ergibt sich bei Betrachtung der Entwicklung der Agrarwirtschaft. Mit 27,1 Mrd $ im Jahr 2010 trugen mexikanische Agrarprodukte wertmäßig zu 8,3% an dem Agrarmarkt des gesamten amerikanischen Kontinents bei. Mit einem Wertanteil von 44,1% dominieren die USA diesen Markt.[103] Während Mexiko seinen Bedarf an importiertem Mais annähernd zu 100% aus den USA deckt, kann es zumindest eine deutliche Zucker- Exportsteigerung in die USA für sich verbuchen.[104]

Mit Ende des Übergangszeitraums im Jahr 2008 entfielen die in den Ausnahmeregelungen für Agrarprodukte festgeschriebenen Zölle und Handelsbeschränkungen. Zeitgleich verabschiedete die mexikanische Regierung ein „Sektorprogramm" mit dem vordergründigen Ziel der Steigerung von Effizienz und Transparenz in der Landwirtschaft. Die eigentliche Aufgabe der Preissicherung trat aufgrund hoher Weltmarktpreise in den Hintergrund.[105] Auch wenn die Gesamtstützung der Landwirtschaft im Vergleich zu den frühen 1990er Jahren deutlich zurückgefahren wurde, kann die mexikanische Landwirtschaft dennoch auf absehbare Zeit nicht mit der industrialisierten Agrarproduktion in den USA schritthalten.[106]

Die wirtschaftliche Kluft zwischen den USA und Mexiko bleibt trotz Maßnahmen zur Handelsliberalisierung in Industrie und Landwirtschaft

---

102 Vgl. Economist Intelligence Unit, 2011, S. 7.

103 Vgl. Datamonitor, 2011, S. 9ff.

104 Der Zuckerexport in die USA stieg im Durchschnitt jährlich von 2000 Tonnen im Zeitraum 1990- 93 auf 32 000 Tonnen im Zeitraum 1994- 2000. Vgl. Hufbauer/ Schott, 2005, S. 315.

105 Vgl. OECD, 2009, S. 154.

106 Man vergleiche hierzu auch die Maispreise in den NAFTA- Staaten im Zeitverlauf. Siehe Anhang, Tab. 5.

beträchtlich. Umgerechnet liegt das mexikanische Pro-Kopf-BIP im Jahr 2011 mit einem Betrag von 17 040 $ um 64% unter dem Wert der USA.[107]

Festgehalten werden kann, dass durch die NAFTA ein Anpassungsprozess der Wirtschaftszyklen in Mexiko und den Vereinigten Staaten stattgefunden hat, der die Abhängigkeit des mexikanischen Wirtschaftswachstums von der Entwicklung des US-Markts verstärkte.[108]

Die auffällig starke Integration im produzierenden Sektor könnte dabei in Ermangelung anderer Handelspartner langfristig betrachtet für die mexikanische Wirtschaft mehr Fluch als Segen bedeuten.

Der Zusammenhang von NAFTA und Direktinvestitionen in Mexiko

In Abgrenzung zu den von der Politik der Marktöffnung der prä-NAFTA-Phase begünstigten Investitionsbedingungen gilt es zu klären, ob das Freihandelsabkommen einen zusätzlichen positiven Effekt auf die Anziehung ausländischer Direktinvestitionen entfalten konnte.

Auf mexikanischer Seite versprach man sich von steigenden Direktinvestitionen Produktivitäts- und Wohlfahrtszuwächse.

In der Tat kann eine rapide Zunahme der ausländischen Direktinvestitionen nach 1994 festgestellt werden. Von 1993 bis 1994 wuchsen die Investitionen sprunghaft von 4 auf 10 Mrd. $.[109] Für den Zeitraum 1994 bis 2003 konnte die Comisión Económica para América Latina y el Caribe nachweisen, dass 27% sämtlicher Direktinvestitionen im lateinamerikanischen Raum nach Mexiko flossen.[110]

Wie Sosa feststellt, nehmen die US-Direktinvestitionen einen Anteil von rund 60% am gesamten Nettozufluss nach Mexiko seit Gründung der NAFTA ein. Des Weiteren verweist Sosa auf den prozyklischen Verlauf der Investitions-tätigkeit und belegt damit erneut die enge Verknüpfung der beiden Volkswirtschaften. Die Synchronisation der Wirtschaftszyklen beider Länder wird demnach durch konjunkturabhängige Investitionsschübe verstärkt.[111]

---

107 Vgl. Angeles Villarreal, 2012, S. 2.

108 Vgl. Kose/ Meredith/ Towe, 2004, S. 29.

109 Vgl. Institute for cultural diplomacy, S. 4, http://www.culturaldiplomacy.org/pdf/case-studies/naftas-sociaeconomic-effects-on-mexico.pdf (29.05.2012).

110 Vgl. Sangmeister/ Melchor del Rio, 2004, S. 67.

111 Vgl. Sosa, 2008, S. 28.

Das Investitionsvolumen ist allerdings nicht auf alle Wirtschaftszweige gleichmäßig verteilt. Eine Konzentration der Investitionen kann in den Bereichen der verarbeitenden Industrie und im Finanzsektor festgestellt werden. Tunea erwähnt eine ausdifferenzierte vertikale Integration der mexikanischen Industrie sowie Mexikos Rolle als Exportplattform als Hauptgründe der stetig steigenden Direktinvestitionen.[112] Ausschlaggebend für die Investitions-attraktivität seien die überaus niedrigen Arbeitskosten.[113]

Diese Annahme trifft auf die Entwicklung des schon vor der NAFTA existierenden Maquiladora-Programms zu.[114]

Jüngste Investitionen des VW-Konzerns bestätigen zudem, dass neben den günstigen Herstellungskosten vor allem das Netz bestehender Zulieferbetriebe sowie die Vielzahl an weiteren Freihandelsabkommen Mexikos ausschlag-gebend für das Engagement waren.[115]

Auch wenn die angeführten Beweggründe für Investitionstätigkeiten nicht den direkten Beleg für den positiven Einfluss der NAFTA liefern können, geht die Weltbank dennoch davon aus, dass Direktinvestitionen ohne das Abkommen 40% niedriger ausgefallen wären.[116] Auch andere Studien untermauern die Direktinvestitionen-begünstigende Wirkung der NAFTA.[117]

Schwierig zu identifizieren erweisen sich allerdings die Auslöser der Investitionsentscheidungen angesichts weltweit zunehmender Direkt-investitionen.[118] So betont Betschinger die Bedeutung der schon vor dem Entstehen der NAFTA eingeleiteten Liberalisierungsreform für ausländische Investoren.[119] Noch deutlicher bezieht Blecker Position, indem er wesentliche Gründe für die hohen Nettozuflüsse nach Mexiko in den 1990er Jahren in der

---

112 Vgl. Tunea, 2006, S. 20f.

113 Vgl. Tunea, 2006, S. 17.

114 Bei einem Stundenlohn von 1,50 $ wuchs die Beschäftigung im Maquiladora-Sektor von 1994 bis 2000 um 110%. Vgl. Institute for cultural diplomacy, S. 4f.

115 Vgl. Deutsche Außenhandelskammern, 2011, S. 31.

116 Vgl. Angeles Villarreal, 2010a, S. 7.

117 Es wird ein positiver Einfluss der NAFTA auf eine Steigerung der Direktinvestitionen um bis zu 70% angegeben, Vgl. Kose/ Meredith/ Towe, 2004, S. 17.

118 Gegenüber 1984- 1993 stiegen die Direktinvestitionen in Mexiko 1994- 2003 um 389%. Weltweit vollzog sich gleichzeitig ein Anstieg der Direktinvestitionen um 355%. Vgl. Scheerer, 2004, S.7.

119 Vgl. Betschinger, 2008, S. 34.

Abwertung des Pesos nach der Krise von 1994/95 sowie in dem höchsten US-Wachstum seit drei Jahrzehnten sieht.[120] Auch von der aktuellen Krise der US-Autobauer scheint Mexiko zu profitieren. Im Zuge von Umstrukturierungsmaßnahmen zur Senkung der Produktionskosten plant die US-Automobilindustrie die Errichtung neuer Werke in Mexiko.[121]

Gemessen am Bruttoinlandsprodukt konnte Mexiko seit 1994 im Durchschnitt einen Zuwachs an Direktinvestitionen in der Höhe von 3% verbuchen. Dabei blieb der Anteil der US-Direktinvestitionen an den Gesamtzuflüssen Mexikos bis zum Jahr 2000 auf einem gleichbleibend hohen Niveau von ca. 60%.[122]

Wie gezeigt wurde, kann das Verhalten von US-Investoren nicht eindeutig auf den positiven Effekt der NAFTA zurückgeführt werden. Weitgehend einheitlicher Meinung ist man in der Wissenschaft aber, dass das NAFTA-Abkommen die Attraktivität Mexikos für Investoren aus Drittstaaten erhöht hat. Belegbar durch einen Rückgang des Anteils der US-Direktinvestitionen seit 2001 scheinen NAFTA-externe Investoren die Vorteile des Standorts Mexiko erkannt zu haben.[123]

Lohnentwicklung und Einkommensverteilung

In der Annahme, durch die NAFTA einen zusätzlichen Stimulus für das Wirtschaftswachstum und ausländische Direktinvestitionen setzen zu können, erhofften sich mexikanische Entscheidungsträger hiervon in einem zweiten Schritt einen Anstieg des durchschnittlichen Lohnniveaus.

Wie zugleich gezeigt werden soll, sind für die Entwicklung des Lohnniveaus allerdings im Wesentlichen übergeordnete ökonomische Einflussgrößen wie die allgemeine wirtschaftliche Entwicklung, die Inflations- und die Produktivitätsrate verantwortlich.

Schon vor der Installierung des Freihandelsabkommens in den frühen 1980er Jahren stiegen die Löhne in Mexiko kontinuierlich. Einen ersten schweren Rückschlag mit einer Reduktion der Reallöhne um 15,5% im Vergleich zum Vorjahr erlebten die mexikanischen Arbeitnehmer 1996 als Folge der Peso-Krise.[124] Die im Anschluss an die Krise einsetzende Phase des wirtschaftlichen

---

120 Vgl. Blecker, 2003, S. 18.

121 Vgl. Economist Intelligence Unit, 2011, S. 7.

122 Siehe Anhang, Tab. 6.

123 Vgl. Blecker, 2010, S. 9.

124 Vgl. Angeles Villarreal, 2010a, S. 9.

Aufschwungs in Verbindung mit einer Aufwertung des Pesos ließ die Löhne wieder steigen, so dass im Jahr 2002 das Vor-Krisen-Niveau erreicht war.

Die erneuten Rückschläge in der Lohnentwicklung als Folge der weltweiten Rezession 2008/2009 wirken sich negativ auf die Gesamtbilanz aus und führen zu dem Ergebnis, dass die durchschnittlichen Reallöhnen seit Bestehen der NAFTA allenfalls moderate Zuwächse erfahren haben.[125]

Hufbauer und Schott nehmen eine differenziertere Form der Betrachtung vor, indem sie bei ihrer Untersuchung zwischen der Lohnentwicklung in den Maquiladoras und in den übrigen mexikanischen Betrieben unterscheiden und zusätzlich den Einfluss der Arbeitsproduktivität mit einbeziehen.[126]

Besonders deutlich tritt für die Autoren der Produktivitätszuwachs in den Maquiladoras von 1997 bis 2003 um 42% bei einer Steigerung der Reallöhne von lediglich 28% hervor. Hufbauer und Schott machen für diese Entwicklung die hohe Verfügbarkeit an unqualifizierter Arbeit bei gleichzeitigem Know-how- und Technologiezuwachs durch US-Investoren verantwortlich.[127]

Dieser Erkenntnis soll die Untersuchung Hansons gegenübergestellt werden, die nachweist, dass die Ansiedlung der Maquiladora-Betriebe seit den 1980er Jahren für eine Steigerung des Lohnniveaus von über 50% bei qualifizierter, höherwertiger Arbeit verantwortlich zeichnet. Wie Hanson weiterhin ausführt, haben die US-Investitionen damit massiv zu einem Auseinanderdriften des mexikanischen Lohngefüges zwischen gering- und hochqualifizierter Arbeit beigetragen.[128]

Unter Verweis auf Studien anderer Autoren kommt hierzu ergänzend Angeles Villarreal zu dem Schluss, dass die NAFTA-Handelsliberalisierung anstatt die Kluft in der Lohnstruktur zu verkleinern, indirekt zu einer entgegengesetzten Entwicklung geführt habe. Die durch die NAFTA begünstigte Ansiedlung von US-Produktionsstätten hatte einen Technologiesprung zur Folge, der den Effekt der Lohnspreizung verstärkte.[129]

---

125 Siehe Anhang, Tab. 7.

126 Vgl. Hufbauer/ Schott, 2005, S. 45.

127 Vgl. Hufbauer/ Schott, 2005, S. 47.

128 Vgl. Hanson, 2003, S. 8.

129 Vgl. Angeles Villarreal, 2010a, S. 10.

Eine Verschärfung des Lohngefälles kann aber nicht nur innerhalb der verarbeitenden Industrie ausgemacht werden, sondern vollzieht sich ebenfalls auch unter geographischen Gesichtspunkten. Durch die räumliche Nähe zu den USA profitierte maßgeblich der Norden Mexikos von der wirtschaftlichen Kooperation. In den dort ansässigen Maquiladoras liegen die Löhne fünffach über dem nationalen Durchschnitt.[130] Hanson stellt weiterhin fest, dass das regionale Wachstum der Löhne eng mit dem dort anzutreffenden Niveau an Direktinvestitionen sowie mit dem Ausmaß der produzierten Exportwaren verbunden ist.[131]

Der aus den USA importierte Bedarf an niedrigqualifizierter Arbeit hätte, gemäß dem zu Beginn der Arbeit dargestellten Heckscher-Ohlin-Modell, zu einem Anstieg und langfristigen Ausgleich der Löhne führen müssen. Angesichts einer höchstens partiellen Integration der Arbeitsmärkte zwischen den USA und Mexiko[132] rückt eine Umsetzung des Faktorpreisausgleichstheorems jedoch in weite Ferne. Auch wenn das Freihandelsabkommen für diese Entwicklung nicht verantwortlich zu machen ist, fallen die durchschnittlichen Löhne, anders als erhofft, sogar niedriger aus als vor NAFTA-Vertragsschluss.

Trotz des Ausbleibens positiver Effekte wird Mexiko ironischer weise global betrachtet als „Mittel-Lohnland" eingestuft[133] und kann sich angesichts internationaler Konkurrenz nicht auf dem Vorteil der Arbeitskosteneffizienz ausruhen.

Beeinträchtigungen des Freihandels durch politische Fehlentwicklungen

Die Ausgangssituation für einen Erfolg des Freihandelsabkommens war angesichts der vielfältigen sozialen und politischen Probleme Mexikos denkbar schlecht. Erstmalig nach 71 Jahren unter der Herrschaft der Partido Revolucionario Institutional (PRI) fand im Jahr 2000, im Zuge der lateinamerikanischen Demokratisierungswelle, ein Regierungswechsel in Mexiko statt. Jahrzehnte der Alleinherrschaft mit demokratischem Anstrich hinterließen bis zum heutigen Tage deutlich Spuren in der mexikanischen Administration und Gesellschaft. Mit der Machtübernahme der konservativen Partido Acción Nacional (PAN) unter Präsident Vicente Fox sah sich die neue

---

130 Vgl. Scheerer, 2004, S. 12.

131 Vgl. Hanson, 2003, S. 28.

132 Vgl. Hanson, 2003, S. 28

133 Blecker, 2010, S. 14.

Regierung einem Land gegenüber, das geprägt war von einer alles erstickenden Korruption und Vetternwirtschaft in der öffentlichen Verwaltung sowie einer maximal rudimentär ausgeprägten Zivilgesellschaft.[134] Eine, die Demokratisierung beschleunigende Wirkung ist von der NAFTA nicht ausgegangen. Wie Cameron und Wise feststellen, beinhalte die NAFTA „no „democratic conditionality" clause,…"[135]. Dringende politische Reformen sind auch in 12 Jahren PAN-Herrschaft nicht in erhofftem Maße und Tempo umgesetzt worden und kamen nun angesichts des Wahlkampfes zu den Präsidentschaftswahlen vollends zum Erliegen. Mit Enrique Peña Nieto stellt die PRI nach nur zwei Legislaturperioden in der Opposition erneut den Präsidenten. Ob der Sieger der Wahlen vom 01.07.2012 seine Versprechen einer Steuerreform und der Liberalisierung des Energiesektors einhält, bleibt abzuwarten.[136]

Das alles überschattende Thema der letzten Jahre war jedoch der von Präsident Felipe Calderon im Jahr 2006 ausgerufene „Krieg" gegen die mexikanischen Drogenkartelle mit einer Entsendung von 50 000 Soldaten in die nördlichen Bundesstaaten.[137] Der massive und von der Verfassung nicht gedeckte Einsatz der Militärs im Innern forderte bislang 40 000 Todesopfer und konnte nicht zu einer spürbaren Verbesserung der Sicherheitslage beitragen. Im Gegenteil kann sogar festgestellt werden, dass Mexiko in einigen Räumen nur noch eine „begrenzte Staatlichkeit"[138] aufweist. Hiervon sind in besonderem Maße die nördlichen Provinzen mit den dort ansässigen Maquiladora-Betrieben betroffen. Dieses Leck an öffentlicher Sicherheit in einer Region, in der die Polizei von kriminellen Strukturen durchdrungen und längst vom Militär als Ordnungsmacht abgelöst ist, verunsichert ausländische Investoren nachhaltig.[139]

Die politische Steuerungsleistung der mexikanischen Regierung wird durch den Transformation Index der Bertelsmann Stiftung äußerst negativ bewertet und im Beobachtungzeitraum 2010 bis 2012 mit der gravierendsten Verschlechterung unter den 128 Vergleichsstaaten abgestraft.[140]

---

134 Vgl. Jäger, 2011, S. 22ff.

135 Cameron/ Wise, 2004, S. 319.

136 Vgl. Business Monitor International, 2012, S. 11.

137 Vgl. Maihold, 2010, S. 1f.

138 Maihold, 2011, S. 16.

139 Vgl. Deutsche Außenhandelskammern, 2011, S. 31.

140 Vgl. Jäger, 2011, S. 27.

Verschärfend kommt hinzu, dass Calderons repressive Politik gegenüber der organisierten Kriminalität jegliche Initiative zur Armutsbekämpfung und Lösung der sozialen Frage vermissen lässt. In Anbetracht der Tatsache, dass annähernd die Hälfte der mexikanischen Bevölkerung in bitterster Armut lebt,[141] wiegt der letzte Platz Mexikos in einem OECD-Vergleich zur Armutsvermeidung besonders schwer.[142]

Trauriges Schlusslicht im OECD-Raum ist Mexiko aber auch bei dem Pro-Kopf-BIP sowie bei der Anzahl der Wissenschaftler pro tausend Beschäftigte.[143] Viel zu lange schon wurden die Wirtschaftsförderung und der Ausbau der Bildungslandschaft vernachlässigt. Dies schlägt sich, verschärfend durch die NAFTA, im Wohlstandsgefälle zwischen dem wirtschaftlich aufstrebenden Norden Mexikos und dem landwirtschaftlich geprägten indigenen Süden nieder. Der Anstieg der Einkommensungleichheit ist in keinem OECD-Land so frappierend vorangeschritten wie in Mexiko.[144] Dieser wachsenden Ungleichheit hat Mexiko den vorletzten Platz im internationalen OECD-Vergleich zu verdanken.[145]

Den politischen Durchsetzungswillen vorausgesetzt, läge ein Schlüssel zur Finanzierung dringend benötigter Strukturprogramme in einer Reform des Steuersystems. Wie gezeigt werden kann, sind Mexikos Steuereinnahmen mit einem Anteil von 20% am Bruttoinlandsprodukt im internationalen Vergleich äußerst niedrig einzustufen. Überdies hinaus wird mehr als ein Drittel dieser Einnahmen aus dem Erdölexport erwirtschaftet.[146] Angesichts wachsender Staatseinnahmen durch den global steigenden Erdölpreis scheint allerdings der Anreiz gering fiskalische Reformen ad hoc einzuleiten.[147]

Auch die Probleme der mexikanischen Landwirtschaft gegenüber der stark subventionierten Konkurrenz im NAFTA-Raum zu bestehen, haben tiefergehende strukturelle Ursachen. Das Anfang des 20. Jahrhunderts forcierte „ejios-Projekt" unterstützte kleine Familienbetriebe mit geringer Ackerfläche.

---

141 Vgl. Mann, 2006, S. 197.

142 Siehe Anhang, Abb. 8.

143 Vgl. OECD, 2010, S. 212.

144 Siehe Anhang, Abb. 9.

145 Vgl. Bertelsmann Stiftung, 2011, S. 25.

146 Siehe Anhang, Abb. 10.

147 Vgl. Economist Intelligence Unit, 2011, S. 5.

Diese personalintensiven Betriebe dienten der Grundversorgung der Bevölkerung und waren nicht exportorientiert ausgerichtet.[148] Neben der geringen Produktivität der Landwirtschaft stellen die drastisch unterdimensionierten Transportwege Mexikos den entscheidenden Wettbewerbsnachteil dar.[149]

Ob eine Kompensation der 2,3 Millionen verlorengegangenen Arbeitsplätze in der Landwirtschaft bis 2008[150] durch Beschäftigungszuwächse in der NAFTA-geförderten Industrie gelingen kann,[151] darf bezweifelt werden.

Nach wie vor suchen jährlich Hunderttausende mexikanischer Flüchtlinge ihr wirtschaftliches Heil in einer illegalen Migration in den nördlichen Nachbarn.

Die an die NAFTA geknüpfte US-Hoffnung, diese Wanderungsbewegung eindämmen zu können, hat sich nicht bestätigt. Nach Erfüllung der wirtschaftlichen Erwartungen nehmen die USA den Sicherheitsaspekt der NAFTA nun äußerst ernst.[152] Seit 2004 wurde die Anzahl der eingesetzten US-Grenzschützer verdoppelt und jüngst entschied US-Präsident Obama, mit Earl Anthony West, einen Terrorismus- und Sicherheitsexperten als Botschafter nach Mexiko zu entsenden.[153]

Die Eindämmung der Migration ist allerdings kein vorrangiges politisches Anliegen Mexikos, wenn man bedenkt, dass durch private Finanzhilfen emigrierter Mexikaner, die so genannten „Remesas", jährlich mehr als 21 Mrd. US $ in das Land fließen.[154]

Trotz der massiven Missstände und Fehlentwicklungen konnte die NAFTA wie schon gezeigt, positive wirtschaftliche Impulse setzen. Gleichwohl muss betont werden, dass die Wirkung des Freihandelsabkommens durch angemessene und notwendige politische Reformen deutlich hätte gesteigert werden können.[155] Der

---

148 Vgl. Hufbauer/ Schott, 2005, S. 334.

149 Die Kosten Mais per Eisenbahn von Sinaloa nach Mexico City zu transportieren sind um das Dreifache höher als die Schiffstransportkosten von New Orleans nach Veracruz. Vgl. Hufbauer/ Schott, 2005, S. 336.

150 Vgl. Zepeda, Gallagher, Stumberg, Wise, 2009, S. 2.

151 Vgl. Salvatore, 2007, S. 10.

152 Durch den NAFTA- Handel begünstigt, überquerten 2010 rund 165,7 Mio. Personen und 4,5 Mio. Container die US- mexikanische Grenze. Vgl. Maihold, 2011, S. 19.

153 Vgl. Economist Intelligence Unit, 2011, S. 11f.

154 Vgl. Maihold, 2011, S. 17.

155 Vgl. Kose/ Meredith/ Towe, 2004, S. 6.

limitierende Faktor für einen weitergehenden Erfolg der NAFTA ist hier eindeutig in den sozialen und politischen Defiziten zu finden. Abschließend darf nicht vergessen werden, dass es sich bei dem Abkommen ausschließlich um ein Instrument zur Förderung der ökonomischen Integration handelt. Wie Weiler treffend festhält, ist der NAFTA ein sozialer Wohlfahrtsgedanke fremd.[156]

Mexiko und die NAFTA – Eine Bilanz

Um die Wirkung des Freihandelsabkommens beurteilen zu können, muss auf die eingangs dargestellten Erwartungen an eine NAFTA-Mitgliedschaft verwiesen werden. Dabei ist es unerlässlich, zwischen den Hoffnungen Mexikos und den vertraglich fixierten Zielen des Abkommens zu unterscheiden.

Die aufgestellten Bewertungsindikatoren zeichnen ein differenziertes Bild.

Die enorme Abhängigkeit von der US-Nachfrage ist zweifellos charakteristisch für den mexikanischen Außenhandel. Diese Tendenz hat sich durch die NAFTA eher noch verstärkt. Auch wenn die Abhängigkeit von den Erdölexporten durch eine Ausweitung der Produktionsvielfalt, wie beabsichtigt, reduziert werden konnte, ist doch festzustellen, dass weite Teile der mexikanischen Wirtschaft auf eine Exportorientierung verzichten.

Eine eindeutig positive Wirkung hatte die NAFTA auf das Wirtschaftswachstum und die Produktivitätszunahme. Da sich diese Entwicklung allerdings maßgeblich im Zusammenhang mit dem Ausbau der Maquiladora-Betriebe vollzog, blieben die positiven Auswirkungen auf die mexikanische Gesamtwirtschaft jedoch begrenzt. In diametralem Gegensatz verlief die NAFTA-bedingte Öffnung des Agrarsektors. Auch eine 15jährige Übergangsfrist reichte nicht aus, die landwirtschaftlichen Betriebe auf den internationalen Wettbewerbsdruck vorzubereiten. Die starke Subventionierung der US-Agrarwirtschaft ist nicht Ursache des mexikanischen Scheiterns, verschärft die Situation aber entschieden.

Trotz des Wirtschaftsbooms in der Automobil- und Zulieferindustrie konnte eine deutliche Anhebung der Beschäftigung aufgrund der Arbeitsplatzverluste in der Landwirtschaft nicht erzielt werden.

Die Hoffnung, durch einen NAFTA-Beitritt vermehrt ausländisches Kapital anziehen zu können, hat sich erfüllt. Gleichwohl muss dieser Anstieg vor dem Hintergrund einer weltweiten Zunahme ausländischer Direktinvestitionen

---

156 Vgl. Weiler, 2000, S. 197.

gesehen werden. Überraschend und aus mexikanischer Perspektive besonders erfreulich ist die Tatsache, dass bei stagnierenden US-Investitionen das Engagement von Geldgebern aus Nicht-NAFTA-Staaten deutlich zunahm. Hierfür können neben der räumlichen Nähe zum US-Markt und den niedrigen Produktionskosten vor allem die Freihandelsbestimmungen bei Erfüllung der Ursprungsregeln verantwortlich gemacht werden.

Der Wunsch nach einer Angleichung der nordamerikanischen Löhne hat sich hingegen nicht erfüllt. Da die NAFTA zu keiner Zeit eine Integration der Arbeitsmärkte vorsah, überrascht dieses Ergebnis nicht. Die regional asymmetrisch verlaufende Wirtschaftsentwicklung Mexikos hat vielmehr noch zu einer wachsenden Kluft im mexikanischen Lohngefüge geführt und birgt enormes Potential für soziale Spannungen. Eine Anhebung des landesweiten Wohlstandsniveaus mit Hilfe des NAFTA-Abkommens konnte so nicht erreicht werden. Rückläufige Reallöhne und das niedrigste Pro-Kopf-BIP im OECD-Vergleich sind unverkennbare Indizien hierfür.

Weltwirtschaftliche Entwicklungen in Kombination mit einem Versagen der mexikanischen Sozial- und Arbeitsmarktpolitik zeigen an dieser Stelle die Grenzen des Freihandelsabkommens auf.

Die in Artikel 102 des NAFTA-Abkommens formulierten Ziele sind im Wesentlichen umgesetzt worden. Nach Ende der Übergangsfristen und temporärer Sonderbestimmungen ist der nordamerikanische Binnenmarkt durch entfallene Zölle und nicht-tarifäre Handelshemmnisse bevorteilt und scheint an Attraktivität für ausländische Investoren gewonnen zu haben.

Alternativoptionen der außenwirtschaftlichen Ausrichtung Mexikos

Nachdem die Bedeutung des NAFTA-Abkommens für Mexiko untersucht wurde, soll nun betrachtet werden, welche außenwirtschaftlichen Alternativen denkbar erscheinen, um den eingeschlagenen Kurs der Handelsliberalisierung Mexikos zu befördern.

Mit dem Abschluss des NAFTA-Abkommens kam Mexikos wirtschaftspolitisches Engagement keineswegs zum Erliegen, sondern führte unter Verfolgung der Politik der Marktöffnung weltweit zu einer Vielzahl weiterer Freihandelsabkommen. So kann Mexiko seit dem Jahr 2006 den erfolgreichen Abschluss von 12 Freihandelsabkommen mit insgesamt 42 Partnerländern verzeichnen.[157]

Intensivierter Schulterschluss mit den USA

Nach 18 Jahren NAFTA-Partnerschaft mit eng verflochtenen Wirtschaftsbeziehungen und gegenseitigen Abhängigkeiten muss der Frage nachgegangen werden, in welchen Bereichen ein Mehr an Kooperation realistisch erscheinen kann.

Mit der Umsetzung auch der letzten NAFTA-Bestimmungen und unter Verweis auf die Tatsache, dass der gesamte Handel mit Mexiko nur weniger als 3% zum US-BIP beiträgt,[158] muss konstatiert werden, dass das Interesse der USA an einer Intensivierung der wirtschaftlichen Zusammenarbeit schwindet.

Erste Anzeichen deuten jedoch darauf hin, dass nach Jahren der Produktionsverlagerungen Richtung Asien eine Renaissance des Wirtschaftsstandorts Mexiko eingeläutet wird. Lohnsteigerungen in China, die relative Schwäche des Pesos sowie niedrigere Transportkosten aufgrund der räumlichen Nähe, lassen Mexiko in den Augen von US-Handelspartnern wieder attraktiv erscheinen.[159]

Die Agenda der zwischenstaatlichen Kooperation wird momentan aber eindeutig von Sicherheitsaspekten bestimmt. Prägender Auslöser für eine Verschiebung des kooperativen Fokus auf sicherheitspolitische Themen waren die Terroranschläge vom 11.09.2001, die ausufernde Gewalt im Drogenkrieg

---

157 Vgl. Angeles Villarreal, 2012, S. 15.

158 Vgl. Angeles Villarreal, 2012, S. 17.

159 Vgl. Wood, 2011, S. 2.

Mexikos sowie der nicht abreißende Strom illegaler Einwanderer. Morales schlussfolgert daraus, „Mexico's public safety has become a part of U.S. security,…"[160].

Diese Bedrohungswahrnehmung gipfelte in der gemeinsamen „Mérida-Initiative" zur Bekämpfung organisierter Kriminalität. Zeitgleich mit der Unterstützung und Ausbildung des mexikanischen Sicherheitsapparats wurde eine Fülle an weiteren Programmen zur Stabilisierung Mexikos aufgelegt.[161]

Die größte Chance auf eine intensivierte wirtschaftliche Integration kann im Energiesektor gesehen werden. Hatte Mexiko im NAFTA-Abkommen noch Ausnahmeregelungen für die verstaatlichte Erdölförderung durchgesetzt, so scheint ein Umdenken durch rückläufige Förderquoten und mangelndes Know-how bei Tiefseebohrungen im Golf von Mexiko angestoßen worden zu sein.[162]

Die Vereinigten Staaten begrüßen diese neue Kooperationsbereitschaft, sind doch Mexiko und Kanada deren Hauptlieferanten von Rohöl. Der am 28.02.2012 veröffentlichte Arbeitsplan des „United States-Mexico high-level regulatory cooperation council" manifestiert den Willen zu einer Kooperation in der Erdöl- und Gasförderung.[163] Schon kurze Zeit später auf dem G20-Außenministertreffen in Los Cabos wurden neue Förderprojekte beschlossen, die US-Energiefirmen erstmalig die Zusammenarbeit mit der mexikanischen PEMEX eröffnen.[164]

Eine „win-win-Lösung" wäre auch im Dienstleistungssektor denkbar. Bei explodierenden Kosten im US-Gesundheitssystem bietet sich das mexikanische Potenzial im Bereich der Krankenpflege förmlich an.[165] Leider ist aber eine höhere Durchlässigkeit der Arbeitsmärkte zumindest bislang in den USA politisch nicht durchsetzbar.

---

160 Morales, 2011, S.33.

161 Vgl. Ribando Seelke/ Finklea, 2011, S. 19, zur Finanzierung dieser Programme siehe auch Anhang, Tab. 8.

162 Vgl. Ribando Seelke, 2012, S. 33.

163 Vgl. Executive Office of the President of the United States, 2012, S. 11f.

164 Vgl. Deutsche Welle, 20.02.2012, http://www.dw.de/dw/article/0,,15753799,00.html (09.04.2012).

165 Vgl. Blecker, 2010, S. 20f.

Verstärkte lateinamerikanische Integration

Da die Umsetzung eines „NAFTAplus-Abkommens"[166] unwahrscheinlich erscheint, lohnt sich für Mexiko eventuell eine stärkere Fokussierung auf seine südlichen Nachbarn. Kooperationen im lateinamerikanischen Raum haben in den letzten drei Jahrzehnten die gemeinsame Politik der Marktöffnung begleitet und zu unterschiedlichen subregionalen Abkommen und Handelserleichterungen geführt.[167] Sáez weist daraufhin, dass die eingeleiteten Reformen schon Mitte der 1990er Jahre zu einer Senkung der durchschnittlichen Zollraten in Lateinamerika von 40% auf 12% geführt haben.[168]

Wie Angeles Villarreal feststellt, ist die 1981 gegründete Asociacion de Latinoamericana de Integracion (ALADI) jedoch an der Aufgabe, einen gemeinsamen lateinamerikanischen Markt zu errichten, gescheitert.[169] Die im Anschluss erfolgte Etablierung der NAFTA und des Mercado Comun del Sur (MERCOSUR) als Freihandelsblock der südamerikanischen Staaten verursachte eine wachsende Distanzierung Mexikos von den übrigen lateinamerikanischen Staaten. Mexikos erneute Bemühungen Ende der 1990er Jahre die Kooperation mit seinen südlichen Nachbarstaaten zu intensivieren, gipfelte im Abschluss mehrerer Freihandelsabkommen. Da die Ausfuhren Mexikos in diese Region allerdings nur einem Anteil von 2,2% an den Gesamtexporten entsprechen, geht Pellicer davon aus, dass diese Abkommen lediglich symbolischen Charakter besitzen.[170]

Sämtlichen aufgeführten Abkommen ist eine supranationale Aufsichtsbehörde fremd. Sáez sieht darin einen Beleg dafür, dass Handelsinstitutionen für südamerikanische Regierungen nur einen untergeordneten Stellenwert aufweisen.[171] Die in den 1990er Jahren vorherrschende Euphorie gegenüber Freihandelsabkommen ist einer Phase der Ernüchterung gewichen. Aktuell gewinnen Skeptiker an Gewicht, die in ungehinderten Marktzugängen nicht das Allheilmittel für eine prosperierende Wirtschaft in Lateinamerika sehen.[172] Zustimmung erfahren diese Gegner einer fortschreitenden Liberalisierung vor

---

166 Maihold, 2011, S. 17.

167 Vgl. Hornbeck, 2011, S. 1.

168 Vgl. Sáez, 2005, S. 6.

169 Vgl. Angeles Villarreal, 2010b, S. 10.

170 Vgl. Pellicer, 2006, S. 3.

171 Vgl. Sáez, 2005, S. 20.

172 Vgl. Moreno Brid/ Pérez Caldentey, 2009, S. 38.

allem aus bildungsfernen Bevölkerungsschichten. So sprach sich schon 1999 mehr als ein Drittel der mexikanischen Bevölkerung gegen eine weiterführende ökonomische Integration aus.[173]

Abseits dieser eher populistischen Kritik muss im Falle Lateinamerikas aber angemerkt werden, dass regionale Abkommen zwischen ähnlich strukturierten Volkswirtschaften tatsächlich nur einen begrenzten positiven Effekt auf die wirtschaftliche Entwicklung entfalten können. Wie Aggarwal und Espach ausführen, erzeugt Handel zwischen gering entwickelten Ökonomien keinen signifikanten Impuls auf das Wirtschaftswachstum. Auch dringend benötigter technologischer Fortschritt und Steigerungen in der Produktivität sind bei dieser Form des Handels nicht zu erwarten.[174]

Der wirtschaftliche Erfolg Lateinamerikas hängt folglich eng von einem Zugang zu den nordamerikanischen und europäischen Märkten ab. In dieser Hinsicht wäre es ratsam, dass mehr südamerikanische Staaten die international hervorgehobene Stellung Mexikos für sich nutzen würden.

Große Hoffnungen können in eine wirtschaftliche Annäherung Mexikos und Brasiliens gesetzt werden. Der bilaterale Handel mit der größten Volkswirtschaft Südamerikas ist von 2,5 Mrd. US $ im Jahr 2000 auf 7,4 Mrd. US $ im Jahr 2008 gestiegen und bietet damit enormes Entwicklungspotenzial für ein gemeinsames Freihandelsabkommen. Lediglich die Beschränkungen durch die MERCOSUR, die solch einem bilateralen Abkommen entgegenstünden, müssten überwunden werden.[175]

Wie die OECD betont, wäre solch eine Kooperation zwischen schnell wachsenden Volkswirtschaften zu begrüßen, um die Abhängigkeit von den USA zu reduzieren. In einem zweiten Schritt fordert die OECD Mexiko auf, anstelle bilateraler Verhandlungen direkte Gespräche mit der MERCOSUR über die Schaffung eines Gemeinsamen Marktes aufzunehmen.[176]

Auch wenn der Handel mit Südamerika für Mexiko neben einer Kooperation mit den USA und der EU nur die drittbeste Lösung darstellen sollte, ist Mexiko dennoch gut beraten, diese Chance wahrzunehmen, um seine Exportwirtschaft unempfindlicher gegenüber Störeinflüsse aus einzelnen Märkten zu machen.

---

173 Vgl. Seligson, 1999, S. 138.

174 Vgl. Aggarwal/ Espach, 2004, S. 22.

175 Vgl. Frayssinet, 2009, http://www.ipsnews.net/news.asp?idnews=48116 (05.06.2012).

176 OECD, 2011b, S. 65.

Neue Chancen in Übersee

Da gezeigt wurde, dass Mexiko eine wirtschaftliche Emanzipation von seinem nördlichen Nachbarn nur schwerlich auf dem eigenen Kontinent erreichen kann, sollen nun Mexikos Chancen auf den Märkten Europas und Asiens betrachtet werden.

Kooperation mit der EU

Mexikos Handelsbeziehungen nach Europa sind im Wesentlichen geprägt von dem, am 01.07.2000 in Kraft getretenen Freihandelsabkommen mit der EU. Ein Jahr später folgte ein weiteres Freihandelsabkommen mit den europäischen Staaten Schweiz, Lichtenstein, Norwegen und Island, das der Vollständigkeit halber erwähnt werden soll, dem aufgrund des geringen Handelsvolumens aber keine weitere Beachtung geschenkt wird. Damit war Mexiko der erste lateinamerikanische Staat, der einen erleichterten Zugang zu diesen Märkten erhielt.[177]

Mit Importen in Höhe von 27,2 Mrd. US $ stellte die EU im Jahr 2009 Mexikos zweitgrößten Freihandelspartner nach der NAFTA dar. Im selben Zeitraum exportierte Mexiko Waren im Gesamtwert von 11,3 Mrd. US $ in die EU. Setzt man diesem Wert die Exporte Mexikos in den NAFTA-Raum in Höhe von 193,2 Mrd. US $ entgegen, wird deutlich, dass die Handelsbeziehungen innerhalb Nordamerikas weiterhin die dominierende Größe für Mexikos Exportwirtschaft darstellen.[178]

Auch wenn seit Bestehen des Freihandelsabkommens mit der EU beachtliche jährliche Exportsteigerungsraten von 7,0% erzielt werden konnten, machten Mexikos Ausfuhren in die EU im Jahr 2007 nur einen Anteil von 5,5% an den Gesamtausfuhren der NAFTA-Staaten in diesen Markt aus.[179] Gemessen an den Gesamtexporten Mexikos ergibt sich ein ähnliches Bild. Nur 6,0% der mexikanischen Exporte im Jahr 2009 waren für die EU bestimmt.[180]

Abgesehen von den reinen Wirtschaftsdaten konnte das Freihandelsabkommen mit der EU aber auch eine Modernisierung des mexikanischen Wirtschaftsrechts

---

177 Vgl. Angeles Villarreal, 2012, S. 16.

178 Vgl. Angeles Villarreal, 2010b, S. 14f., siehe auch Anhang, Tab. 9 und Tab. 10.

179 Vgl. Gambini, 2008, S. 2.

180 Vgl. Angeles Villarreal, 2010b, S. 15.

beschleunigen und somit die Investitionsbedingungen für europäische Akteure deutlich verbessern.[181]

Wie Gómez Lora von der Inter-American Development Bank betont, stellt das geschlossene Abkommen mit der EU neben der NAFTA zudem einen weiteren wichtigen Baustein dar, der die Entscheidung zur wirtschaftlichen Öffnung und Handelsliberalisierung langfristig in der mexikanischen Politik fixiert.[182]

Weniger positiv äußern sich Aguirre Reveles und Pérez Rocha, die in ihrer Analyse der Kooperation von Mexiko und der EU zu dem ernüchternden Ergebnis gelangen, dass das Freihandelsabkommen lediglich eine Türöffner-Funktion für europäische Firmen darstellt. Ohne einen wirtschaftlichen Mehrwert für Mexiko zu generieren, können diese Unternehmen, so die Studie, von den günstigen Produktionsbedingungen in Mexiko profitieren und sich den Zugang zu den nordamerikanischen Märkten sichern.[183]

Ausgehend von der Annahme, dass die Europäische Union die USA als wichtigsten Handelspartner Mexikos auch auf lange Sicht nicht ablösen wird, hat der Handel mit der EU doch positive Auswirkungen auf die Entwicklung der mexikanischen Außenwirtschaft. Seit Bestehen des Freihandelsabkommens mit der EU ist der prozentuale Anteil an Importen Mexikos aus dem NAFTA-Raum rückläufig. Angeles Villarreal sieht den Grund hierfür in der Handelsliberalisierung Mexikos. Die Vielzahl an Freihandelsabkommen mit anderen Staaten erhöhen die Konkurrenz für US-Erzeugnisse und könnten langfristig zu einer geringeren Abhängigkeit von den USA führen.[184]

Auch die OECD kommt zu dem Ergebnis, dass die Zunahme an Wirtschaftsabkommen dafür verantwortlich gemacht werden kann, dass der Exportanteil der mexikanischen Wirtschaft in die USA im letzten Jahrzehnt um 10,0% gesunken ist.[185]

Trotz der enormen räumlichen Distanz zwischen Mexiko und Europa bei gleichzeitig steigenden Transportkosten sind die wirtschaftlichen Kooperations-möglichkeiten längst noch nicht ausgeschöpft und bieten weiteres Potenzial um

---

181 Vgl. Deutsche Außenhandelskammern, 2011, S. 22ff.

182 Vgl. Gómez Lora, 2004, http://www.iadb.org/en/news/webstories/2004-07-30/mexico-eu-free-trade-area-opens-doors-to-foreign-trade-for-latin-america,2117.html (05.06.2012).

183 Vgl. Aguirre Reveles/ Pérez Rocha, 2007, S. 28ff.

184 Vgl. Angeles Villarreal, 2010b, S. 18.

185 Vgl. OECD, 2011b, S. 65.

die Abhängigkeit der mexikanischen Wirtschaft von der US- Konjunktur langfristig zu reduzieren.

Wirtschaftliche Annäherung an asiatische Märkte

Mexiko ist bestrebt, sich wirtschaftlich stärker in Richtung Asien zu orientieren und macht dies durch die Mitgliedschaft in dem Asia-Pacific Economic Cooperation Forum (APEC) sowie durch sein Interesse an einer Integration in die Trans-Pazifische Partnerschaft (TPP) deutlich.[186]

Die bedeutendsten Partner Mexikos im Asienhandel stellen China, Japan und Südkorea dar.[187] China, zu dem Mexiko kein Freihandelsabkommen unterhält, ist insgesamt gesehen mit 6,0% aller mexikanischen Im- und Exporte zweitgrößter Handelspartner des lateinamerikanischen Staates.[188] Schon im Jahr 2003 wurde Mexiko von China als zweitgrößtem Warenexporteur in die USA abgelöst. Obwohl Lateinamerika als Ganzes aufgrund seiner Bedeutung als Rohstofflieferant von dem Handel mit China profitiert,[189] scheint der Produktionsstandort Mexiko im Gegensatz hierzu unter der chinesischen Konkurrenz zu leiden. Aufgrund der ähnlich strukturierten Exportwirtschaften Chinas und Mexikos spricht Yunxia von einer signifikanten wirtschaftlichen Rivalität der beiden Staaten.[190] Das Carnegie Institut sieht sogar 40% der gesamten mexikanischen Exporte durch chinesische Konkurrenzprodukte gefährdet.[191] Jenkins kommt in seiner Untersuchung zu den Auswirkungen der chinesischen Expansion auf Lateinamerika zu dem Schluss, dass Mexiko, anders als die Masse der südamerikanischen Staaten, als ein Verlierer der Entwicklung angesehen werden kann.[192]

Untermauert werden kann diese These durch Studien des IWF, welcher seit der Jahrtausendwende eine Abwanderung von US-Produktionsstätten aus Mexiko Richtung Asien beobachtet hat. Von dieser Entwicklung besonders betroffen ist

---

186 Vgl. Angeles Villarreal, 2012, S. 16.

187 Zur wirtschaftlichen Gewichtung der einzelnen Handelspartner siehe Anhang, Abb. 11.

188 Vgl. Angeles Villarreal, 2012, S. 3.

189 Von 2000 bis 2009 ist der Handel zwischen China und Lateinamerika um den Faktor 10 gewachsen. Vgl. Hornbeck, 2011, S. 7.

190 Vgl. Yunxia, 2009, S. 1.

191 Vgl. Zepeda, Wise, Gallagher, 2009, S. 6f.

192 Vgl. Jenkins, 2010, S. 836.

der für die mexikanische Exportwirtschaft enorm wichtige Maquiladora-Sektor.[193]

Ausgelöst durch steigende chinesische Lohn- und Transportkosten scheint sich jedoch eine Trendwende anzukündigen. Mexikos Wettbewerbsfähigkeit bei transportkostenintensiven Waren wird vor allem durch seinen Vorteil der räumlichen Nähe zu den USA gestärkt. Die geringe und im Vergleich zu China stagnierende Produktivität bereitet hingegen weiterhin Sorgen.[194]

Trotz der Konkurrenz Mexikos und Chinas auf dem US-Markt darf nicht verkannt werden, dass zwischen den beiden Staaten ein reger wirtschaftlicher Austausch besteht. Den beiderseitigen Willen zu einer Intensivierung der wirtschaftlichen Zusammenarbeit unterstreicht das am 06.04.2012 geschlossene Abkommen über eine engere Kooperation in verschiedenen Industriezweigen.[195]

Japan als zweitgrößtem asiatischem Handelspartner Mexikos kommt aufgrund eines 2004 geschlossenen Freihandelsabkommens eine besondere Bedeutung zu. Die bis zum Jahr 2015 nahezu vollständig abzubauenden Zölle zwischen den beiden Staaten ermöglichen Mexiko einen ungehinderten Zugang in den japanischen Markt.[196]

Die durch das NAFTA-Abkommen ins Hintertreffen geratene japanische Automobil- und Elektronikindustrie erhofft sich hingegen eine verbesserte Wettbewerbsposition auf dem nordamerikanischen Markt. Mexiko kann von japanischen Direktinvestitionen profitieren, die bislang zu 80% in den produzierenden Sektor flossen. Des Weiteren bietet sich neben den USA mit dem rohstoffarmen Japan ein weiterer Staat an, die mexikanische Erdölförderung zu modernisieren und im Rahmen des Freihandelsabkommens am Energiehandel zu partizipieren.[197]

Der dritte große Akteur im Mexiko-Asienhandel Südkorea befindet sich derzeit in Verhandlungen über ein Freihandelsabkommen.[198] Neben dem Abkommen

---

193 Vgl. IMF, 2011, S. 16f.

194 Vgl. IMF, 2011, S. 20f.

195 Vgl. Saldivar, 2012, http://www.boyarmiller.com/News_and_Events/Legal_Alerts/Recent_Trade_Agreements_Sig nal_the_Future_of_China_Mexico_Trade_Relations/ (05.06.2012).

196 Vgl. Angeles Villarreal, 2010b, S. 9.

197 Vgl. Japan External Trade Organisaztion, http://www.jetro.go.jp/en/reports/survey/epa/fta_mexico/contents.html (05.06.2012).

198 Vgl. OECD, 2011b, S. 18.

mit Japan könnte Mexiko somit eine weitere Freihandelszone erschließen, um auch auf dem asiatischen Festland wirtschaftlich Fuß zu fassen.

Die Betrachtung der drei großen asiatischen Handelspartner zeigt, dass deren Interesse, eine Kooperation mit dem wirtschaftlich schwächsten NAFTA-Mitglied einzugehen, vornehmlich in Mexikos geographischer Nähe zum US-Markt begründet ist. Sofern Mexiko wiederum von Direktinvestitionen und erleichterten Zugängen zu asiatischen Märkten profitieren kann, liegt ein beiderseitiger Nutzen vor.

Ausblick

Das Ergebnis der Präsidentschaftswahlen in Mexiko wird den eingeschlagenen wirtschaftspolitischen Kurs nicht gefährden. Präsident Enrique Peña Nieto steht in der Pflicht, die in den 1980er Jahren eingeleitete Politik der Handelsliberalisierung und Marktöffnung fortzuführen. Die Konstanz in dem Streben Mexikos nach ökonomischer Integration und Öffnung wurde durch das NAFTA-Abkommen initiiert und politisch manifestiert. Durch das Freihandelsabkommen mit den USA und Kanada erreichte Mexiko eine Institutionalisierung der wirtschaftspolitischen Reformen und eine damit einhergehende Verstärkung des in den 1980er Jahren eingeleiteten Trends.

Eine Bewertung des Freihandelsabkommens für Mexiko vorzunehmen, erweist sich aufgrund anderer makroökonomischer Einflussfaktoren als äußerst kompliziert. Die allgemeine Handelsliberalisierung Mexikos, die Peso-Krise sowie die starken Schwankungen der US-Nachfrage sind neben der wachsenden Konkurrenz aus Lateinamerika und Fernost die wesentlichen Bestimmungsgrößen für die Entwicklung der mexikanischen Volkswirtschaft.

Trotzdem kann davon ausgegangen werden, dass von der Etablierung der nordamerikanischen Freihandelszone ein positiver Einfluss auf die mexikanische Volkswirtschaft ausging.

Neben der Verankerung der Liberalisierungspolitik im politischen Bewusstsein Mexikos konnte das Freihandelsabkommen einen Beitrag leisten, um das mexikanische Wirtschaftswachstum positiv zu stimulieren und ausländische Direktinvestitionen anzuziehen. Die Attraktivität des Wirtschaftsstandorts Mexiko und seine, durch das NAFTA-Abkommen gesteigerte Reputation schlugen sich nicht nur in einem Anstieg der Investitionen nieder, sondern spiegelten sich auch in einer Vielzahl an zusätzlichen Freihandelsabkommen wider. Die NAFTA-Mitgliedschaft Mexikos stellt sicherlich einen wesentlichen Anreiz für internationale Verhandlungspartner dar, eine engere ökonomische Integration mit Mexiko einzugehen.

Auch wenn Mexiko vornehmlich im Agrarsektor Anpassungskosten zu zahlen hatte, scheint die nur zweitbeste Lösung wirtschaftlicher Integration allem Anschein nach mehr handelsschaffende denn handelsumlenkende Effekte ausgelöst zu haben.

Zweifellos ist die NAFTA nicht in der Lage, die Fülle an strukturellen und gesellschaftlichen Problemen Mexikos zu lösen. Dies übersteigt die Zielsetzung und die Möglichkeiten eines wirtschaftlichen Abkommens dieser Art bei Weitem. Auf die durch den NAFTA-Handel verstärkte, wachsende Ungleichheit und Einkommenskluft innerhalb des Landes hat die mexikanische Politik Antworten zu finden.

Will Mexiko das sich bietende Potenzial des Freihandelsabkommens in stärkerem Maße ausschöpfen, muss es seine Anstrengungen im Bildungsbereich deutlich intensivieren. Schwächen auf dem Gebiet der Produktivität und der Innovationskraft können angesichts eines Lohnniveaus im globalen Mittelfeld dazu führen, dass Mexiko trotz seiner geographisch günstigen Lage als Nachbarland der USA im weltweiten Ringen um die attraktivsten Produktionsstandorte den Anschluss verliert.

Die mit dem NAFTA-Abkommen verbundene wachsende Abhängigkeit von der US-Wirtschaft wurde auf mexikanischer Seite früh erkannt. Unmittelbar nach Vertragsschluss begab man sich in Verhandlungen mit anderen internationalen Handelspartnern. Ziel war der Abschluss weiterer Freihandelsabkommen um Mexikos Exportwirtschaft zusätzliche Märkte zu eröffnen. Der Erfolg dieser Bemühungen wird durch momentan 12 bestehende Abkommen belegt. Allerdings konnte die engere wirtschaftliche Kooperation mit verschiedenen Handelspartnern Mexikos Abhängigkeit vom NAFTA-Handel nicht signifikant reduzieren. Die Fülle an Freihandelsabkommen darf nicht darüber hinwegtäuschen, dass etliche Kooperationspartner Mexikos vornehmlich die Erschließung des nordamerikanischen Marktes zum Ziel haben. Mexikos Exportwirtschaft hingegen hat die sich in den kooperierenden Märkten bietenden Chancen nur allzu zaghaft wahrgenommen.

Ebenso wie die USA die Bedeutung des südlichen Handelspartners und der Millionen US-Wahlberechtigten mit mexikanischen Wurzeln nicht unterschätzen sollten, wäre Mexiko gut beraten, das Innovationspotenzial ausländischer Inverstoren zu nutzen, um Know-how Zuwächse der eigenen Wirtschaft zu begünstigen.

Eine vollständige ökonomische Emanzipation von den USA kann und will Mexiko auf lange Sicht nicht anstreben. Hierfür sind die wirtschaftlichen Abhängigkeiten bei beiderseitigem Nutzen zu stark vorangeschritten.

Dennoch wird dringend angeraten, existierende Abkommen mit weiteren Staaten stärker mit Leben zu füllen und bestehende Handelsbeziehungen nachdrücklich auszubauen. Besonderes Potenzial scheinen in dieser Hinsicht die Staaten Südamerikas zu bieten. Die bewusste Distanzierung von den lateinamerikanischen Staaten in den letzten Jahrzehnten führte Mexiko in eine nordamerikanische Sackgasse. Mexikos viel zitierte verhängnisvolle Nähe zu den USA verstellt den Blick auf die äußerst günstige Position des Landes als Bindeglied zwischen Nord- und Südamerika. Die Zeit scheint günstig, die einstmals ideologisch begründete Abgrenzung zum Wirtschaftsraum der MERCOSUR zu überwinden und Mexiko zu einem prädestinierten Ausgangspunkt für ausländisches Engagement in Lateinamerika zu erheben.

Literaturverzeichnis

Aggarwal, V./ Espach, R. (2004): Diverging Trade Strategies in Latin America: An Analytical Framework, URL: http://basc.berkeley.edu/pdf/articles/Diverging%20Trade%20Strategies%20in%20Latin%20America.pdf (05.06.2012).

Aguirre Reveles, R./ Pérez Rocha, M. (2007): The EU- Mexico Free Trade Agreement Seven Years On, A warning to the global South, URL: http://www.tni.org/sites/www.tni.org/files/download/eumexicofta.pdf (05.06.2012).

Angeles Villarreal, M. (2010a): NAFTA and the Mexican Economy, Congressional Research Service, URL: http://www.fas.org/sgp/crs/row/RL34733.pdf (12.05.2012).

Angeles Villarreal, M. (2010b): Mexico's Free Trade Agreements, Congressional Research Service, URL: http://www.fas.org/sgp/crs/row/R40784.pdf (05.06.2012).

Angeles Villarreal, M. (2012): U.S.- Mexico Economic Relations: Trends, Issues, and Implications, Congressional Research Service, URL: http://www.fas.org/sgp/crs/row/RL32934.pdf (04.06.2012).

Bertelsmann Stiftung (2011): Soziale Gerechtigkeit in der OECD – Wo steht Deutschland? Sustainable Governance Indicators 2011, URL: http://www.bertelsmann-stiftung.de/bst/de/media/xcms_bst_dms_33013_33014_2.pdf (18.04.2012).

Betschinger, M. (2010): International Trade and Investment Agreements and Foreign Direct Investment Activities in Developing and Emerging Economies, Hamburg, zugl. Diss. Universität Münster.

Bhagwati, J. (2002): Freetrade Today, Princeton.

Binswanger, M. (2008): Globalisierung und Landwirtschaft – Mehr Wohlstand durch weniger Freihandel, Diskussionspapier, Hochschule für Wirtschaft Nordwestschweiz, URL: http://www.fhnw.ch/wirtschaft/intranet/mitarbeitende/forschung/arbeitsberichte/bisher-publizierte-arbeitsberichte/a2-globalisierung-und-landwirtschaft-mehr-wohlstand-durch-weniger-freihandel (09.04.2012).

Blank, J./ Clausen, H./ Wacker, H. (1998): Internationale ökonomische Integration, Von der Freihandelszone zur Wirtschafts- und Währungsunion, München.

Blecker, R. (2003): The North American Economies After NAFTA, A Critical Appraisal, in: International Journal of Political Economy, Vol. 33, Nr. 3, 2003, S. 5-27.

Blecker, R./ Esquivel, G. (2010): NAFTA, Trade and Development, URL:

http://lasa.international.pitt.edu/members/congress-papers/lasa2010/files/3362.pdf (29.05.2012).

Business Monitor International (2012): Mexico Business Forecast Report 2012, 1st Quarter, London, URL:
http://web.ebscohost.com/ehost/pdfviewer/pdfviewer?sid=f5db82a7-804c-4855-980a-52a6647a4958%40sessionmgr113&vid=7&hid=112 (08.05.2012).

Cameron, M. A./ Wise, C. (2004): The Political Impact of NAFTA on Mexico: Reflections on the Political Economy of Democratization, URL:
http://works.bepress.com/maxwell_a_cameron/1 (09.04.2012).

Datamonitor (2011): Industry Profile, Agricultural Products in Mexico, URL:
http://web.ebscohost.com/ehost/pdfviewer/pdfviewer?sid=f5db82a7-804c-4855-980a-52a6647a4958%40sessionmgr113&vid=14&hid=112 (08.05.2012).

Defago, A./ Busch, R. (2001): Der amerikanische Regionalismus: Die NAFTA als Modell?, in: Die Volkswirtschaft, Das Magazin für Wirtschaftspolitik, Nr. 5-2001, S. 26-31.

Deutsche Außenhandelskammern (2011): Exporthandbuch NAFTA, URL:
http://mexiko.ahk.de/fileadmin/ahk_mexiko/Dokumente/Exporthandbuch_NAFTA.pdf (08.05.2012).

Deutsche Welle (20.02.2012): Wirtschaftliche Annäherung zwischen USA und Mexiko, URL:
http://www.dw.de/dw/article/0,,15753799,00.html (09.04.2012).

Dunker, J. (2002): Regionale Integration im System des liberalisierten Welthandels, EG und NAFTA im Vergleich, Schriften zum Staats- und Völkerrecht, Band 94, Frankfurt am Main, zugl. Diss. Universität Würzburg.

Economist Intelligence Unit (2011): Country Report. Mexico, Juni 2011, Vol. 15, University of Wisconsin-Milwaukee, URL: http://web.ebscohost.com/ehost/results?sid=eb8aa1f4-785b-48ce-9159-59525d68be6b%40sessionmgr104&vid=2&hid=105&bquery=JN+%22Country+Report.+Mexico%22+AND+DT+20110601&bdata=JmRiPWJ0aCZ0eXBlPTEmc2l0ZT1laG9zdC1saXZl (08.05.2012).

Executive Office of the President of the United States (2012): United States-Mexico high-level regulatory cooperation council workplan, URL: http://www.whitehouse.gov/sites/default/files/omb/oira/irc/united-states-mexico-high-level-regulatory-cooperation-council-work-plan.pdf (04.06.2012).

Frayssinet, F. (2009): Free Trade to Reduce Dependence, URL: http://ipsnews.net/news.asp?idnews=48116 (05.06.2012).

Gambini, G. (2008): EU- 27 trade with NAFTA in 2007, eurostat, Statistics in focus, 104/2008, URL: http://www.eds-destatis.de/de/downloads/sif/sf_08_104.pdf (12.05.2012).

Gómez Lora, S. (2004): Mexico – EU Free Trade Area opens doors to foreign trade for Latin America, Inter-American Development Bank, URL: http://www.iadb.org/en/news/webstories/2004-07-30/mexico-eu-free-trade-area-opens-doors-to-foreign-trade-for-latin-america,2117.html (05.06.2012).

Groezinger, R. (2010): Erfolgsmodell NAFTA? Implikationen des Regionalisierungsabkommens für Mexiko, Bonner Studien zum globalen Wandel, Bd. 4, Marburg.

Hanson, G. (2003): What has happened to wages in Mexico since NAFTA? Implications for hemispheric free trade, National Bureau of Economic Research, Cambridge, URL: http://www.nber.org/papers/w9563.pdf?new_window=1 (29.05.2012).

Hornbeck, J.F. (2004): NAFTA at Ten: Lessons from Recent Studies, Congressional Research Service, URL: http://fpc.state.gov/documents/organization/34486.pdf (13.05.2012).

Hornbeck, J.F. (2011): U.S.- Latin America Trade: Recent Trends and Policy Issues, Congressional Research Service, URL: http://www.fas.org/sgp/crs/row/98-840.pdf (05.06.2012).

Hufbauer, G. C./ Schott, J. J. (1993): NAFTA an Assessment, Washington D.C..

Hufbauer, G. C./ Schott, J. J. (2005): NAFTA Revisited, achievements and challenges, Washington D.C..

IMF (2011): Mexico 2011 Article IV Consultation, Selected Issues, IMF Country Report No. 11/ 249.

Institute for cultural diplomacy: Mexico and NAFTA – Has NAFTA helped or hindered Mexico's socioeconomic growth?, URL: http://www.culturaldiplomacy.org/pdf/case-studies/naftas-sociaeconomic-effects-on-mexico.pdf (29.05.2012).

Jahn, U. (2005): Schiedsgerichtsverfahren in der NAFTA – Darstellung am Beispiel Mexikos, URL: http://www.dmjv.de/Jahn%20Schiedgerichtsverfahren.pdf (21.05.2012).

Jäger, M. (2011): Schritt zurück nach vorn? Mexikos Demokratie, in: Aus Politik und Zeitgeschichte, Nr. 40-42/ 2011, S. 22-28.

Japan External Trade Organization: Survey Reports, JETRO and SECOFI Announce Strategies for Japan-Mexico Trade, URL: http://www.jetro.go.jp/en/reports/survey/epa/fta_mexico/contents.html (05.06.2012).

Jenkins, R. (2010): China's Global Expansion and Latin America, in: Journal for Latin America Studies, Nr. 42, 2010, S. 809-837.

Koch, E. (2006): Internationale Wirtschaftsbeziehungen, 3. Aufl., München.

Kose, M./ Meredith, G./ Towe, C. (2004): How Has NAFTA Affected the Mexican Economy? Review and Evidence, IMF Working Paper, WP/04/59.

Krugman, P./ Obstfeld, M./ Melitz, M. (2012): Internationale Wirtschaft, Theorie und Politik der Außenwirtschaft, 9. Aufl., München.

Maihold, G. (2010): Mexikos Drogenkampf eskaliert – Gelingt die Kontrolle der Gewaltdynamik?, SWP-Aktuell 64, September 2010, Berlin.

Maihold, G. (2011): Mexiko und die USA: Zwischen NAFTA-Partnerschaft und Zweckgemeinschaft, in: Aus Politik und Zeitgeschichte, Nr. 40-42/ 2011, S. 16-22.

Manger, M. (2009): Investing in Protection, The Politics of Preferential Trade Agreements between North and South, Cambridge, New York.

Mann, G. (2006): Transatlantische Freihandelszone, Politische und ökonomische Perspektiven einer transatlantischen Freihandelszone aus EU, Mercosur und NAFTA, Studien zur internationalen Politik, Band 8, Frankfurt am Main, zugl. Diss. Bundeswehruniversität München.

Melchor del Rio, A. (2008): Der Zusammenhang zwischen Freihandel und Migration am Beispiel Mexikos: Eine theoretische und empirische Analyse, Marburg, zugl. Diss. Ruprecht-Karls-Universität Heidelberg.

Morales, I. (2011): The Future of Oil in Mexico, The Energy Factor in Mexico-U.S. Relations, URL: http://bakerinstitute.org/publications/EF-pub-MoralesFactor-04292011.pdf (04.06.2012).

Moreno Brid, J./ Pérez Caldentey, E. (2009): Trade and economic growth: A Latin American perspective on rhetoric and reality, URL: http://www.eclac.org/publicaciones/xml/3/38143/L945.pdf (05.06.2012).

Moreno-Brid, J./ Santamaria, J./ Rivas Valdivia, J. (2005): Industrialization and Economic Growth in Mexico after NAFTA: The Road Travelled, in: Development and Change, Vol. 36, 2005, S. 1095-1119.

NAFTA Secretariat: North American Free Trade Agreement, URL: http://www.nafta-sec-alena.org/en/view.aspx?x=343&mtpiID=122 (21.05.2012).

OECD (2009): Agrarpolitik in den OECD-Ländern, Monitoring und Evaluierung 2009.

OECD (2010): OECD-Wissenschafts-, Technologie- und Industrieausblick 2010.

OECD (2011a): OECD-Wirtschaftsausblick 2011, Nr. 89.

OECD (2011b): OECD Economic Surveys: Mexico 2011.

OECD (2011c): Growing Income Inequality in OECD Countries: What Drives it and How Can Policy Tackle it?, URL: http://www.oecd.org/dataoecd/32/20/47723414.pdf (13.05.2012).

Ohlin, B. (1924): The Theory of Trade, in: Samuelson, P. (Hrsg.): Heckscher-Ohlin Trade Theory, Cambridge, London, S. 71-211.

Ortiz Mena, A. (2006): The Domestic Determinants of Mexico's Trade Strategy, Centro de Investigación y Docencia Económicas, URL: http://www.cide.edu/publicaciones/status/dts/DTEI%20138.pdf (05.06.2012).

Pellicer, Olga (2006): New Powers in Global Change, Mexico – a Reluctant Middle Power?, Friedrich Ebert Stiftung, URL: http://www.fesmex.org/common/Documentos/Ponencias/Paper%20Olga %20Pellicer.pdf (05.06.2012).

Pethke, R. (2002): Die Nordamerikanische Freihandelszone im Vergleich mit dem Europäischen Wirtschaftsraum, Integrationstheorie- Präferenzrecht- Institutionen- Streitbeilegung- Ursprungsregeln- Ausblick, Bremen, zugl. Diss Ruhr- Universität Bochum.

Ribando Seelke, C. (2012): Mexico: Issues for Congress, Congressional Research Service, URL: http://www.fas.org/sgp/crs/row/RL32724.pdf (04.06.2012).

Ribando Seelke, C./ Finkea, K. (2011): U.S.- Mexican Security Cooperation: The Mérida Initiative and Beyond, Congressional Research Service,

URL: http://www.fas.org/sgp/crs/row/R41349.pdf (04.06.2012).

Rose, K./ Sauernheimer, K. (2006): Theorie der Außenwirtschaft, 14. Aufl., München.

Sáez, S. (2005): Implementing Trade Policy in Latin America: The Case of Chile and Mexico, URL: http://www.esri.go.jp/jp/workshop/050316/050316ECLA-R2.pdf (05.06.2012).

Saldivar, E. (2012): Recent Trade Agreements Signal the Future of China – Mexico Trade Relations, URL: http://www.boyarmiller.com/News_and_Events/Legal_Alerts/Recent_Trade_Ag reements_Signal_the_Future_of_China_Mexico_Trade_Relations/ (05.06.2012).

Salvatore, D. (2007): Economic Effects of NAFTA on Mexico, in: Global Economy Journal, Volume 7, 2007, S. 1-13.

Sangmeister, H./ Melchor del Rio, A. (2004): Mexiko und die NAFTA: Zehn Jahre Erfahrungen, Institut für Iberoamerika- Kunde, Brennpunkt Lateinamerika Nr. 06-04.

Scheerer, G. (2004): Zehn Jahre NAFTA, Bilanz und Perspektiven, Diskussionspapier Forschungsgruppe Amerika, Stiftung Wissenschaft und Politik, Berlin.

Schirm, S. (1997): Kooperation in den Amerikas: NAFTA, MERCOSUR und die neue Dynamik regionaler Zusammenarbeit, Baden- Baden.

Schirm, S. (1999): Globale Märkte, nationale Politik und regionale Kooperation in Europa und den Amerikas, Baden- Baden, zugl. Habil. Ludwig- Maximilians- Universität München.

Seligson, M. (1999): Popular Support for Regional Economic Integration in Latin America, in: Journal for Latin America Studies, Nr. 31, 1999, S. 129- 150.

Sosa, S. (2008): External Shocks and Business Cycle, Fluctuations in Mexico: How Important are U.S. Factors?, IMF Working Paper, WP/08/100.

Strausberg, H.: Mexiko weist den Weg, in: Die Welt, 20.06.2012, S. 2.

Ströbele, W./ Wacker, H. (1995): Außenwirtschaft, Einführung in Theorie und Politik, München, Wien.

Truong Giang, D. (2004): Außenhandel und räumliche Märkte, Eine partialanalytische Untersuchung der Handelspolitik unter Berücksichtigung des Verhaltens der Staaten, Aachen, zugl. Diss Universität Potsdam.

Tunea, C. (2006): Patterns of FDI in Mexico after NAFTA – the Role of Export, Markets and Geographical Determinants, URL: http://economics.ca/2006/papers/0248.pdf (29.05.2012).

Weeber, J. (2011): Internationale Wirtschaft, Theorie, Empirie und Wirtschaftspolitik in der Globalisierung, 2. Aufl., München.

Weiler, J. (2000): The EU, the WTO, and the NAFTA, Towards a Common Law of International Trade?, Oxford, New York.

Woll, A. (2000): Allgemeine Volkswirtschaftslehre, 13. Aufl., München.

Wood, D. (2011): Mexico's 2012 Presidential Elections an U.S.- Mexico Relations,Center for Strategic & International Studies, URL: http://csis.org/files/publication/110519_wood_us_mexico_rel.pdf (04.06.2012).

Yunxia, Y. (2009): China & Mexico: Comparison of Trade Competitiveness, URL: http://ilas.cass.cn/manager/jeditor/UploadFile/2009169347673.pdf (05.06.2012).

Zepeda, E./ Gallagher, K./ Stumberg, R./ Wise, T. (2009): The Future of North American Trade Policy: Lessons From NAFTA, URL: http://www.carnegieendowment.org/2009/12/09/future-of-north-american-trade-policy-lessons-from-nafta/nq6 (04.06.2012).

Anhang

"Article 102: Objectives

1. The objectives of this Agreement, as elaborated more specifically through its principles and rules, including national treatment, most-favored-nation treatment and transparency, are to:

a) eliminate barriers to trade in, and facilitate the cross-border movement of, goods and services between the territories of the Parties;

b) promote conditions of fair competition in the free trade area;

c) increase substantially investment opportunities in the territories of the Parties;

d) provide adequate and effective protection and enforcement of intellectual property rights in each Party's territory;

e) create effective procedures for the implementation and application of this Agreement, for its joint administration and for the resolution of disputes; and

f) establish a framework for further trilateral, regional and multilateral cooperation to expand and enhance the benefits of this Agreement.

2. The Parties shall interpret and apply the provisions of this Agreement in the light of its objectives set out in paragraph 1 and in accordance with applicable rules of international law."

Abb. 3: Inhalte des Artikel 102 des NAFTA- Vertrages
Quelle: NAFTA Secretariat, North American Free Trade Agreement, Chapter I, Objectives.

"Article 301: National Treatment

1. Each Party shall accord national treatment to the goods of another Party in accordance with Article III of the General Agreement on Tariffs and Trade (GATT), including its interpretative notes, and to this end Article III of the GATT and its interpretative notes, or any equivalent provision of a successor agreement to which all Parties are party, are incorporated into and made part of this Agreement.

2. The provisions of paragraph 1 regarding national treatment shall mean, with respect to a state or province, treatment no less favorable than the most favorable treatment accorded by such state or province to any like, directly competitive or substitutable goods, as the case may be, of the Party of which it forms a part.

3. Paragraphs 1 and 2 do not apply to the measures set out in Annex 301.3."

Abb. 4: Inhalte des Artikel 301 des NAFTA-Vertrages
Quelle: NAFTA Secretariat, North American Free Trade Agreement, Chapter III, National Treatment and Market Access for Goods, Section A.

"Article 401: Originating Goods

Except as otherwise provided in this Chapter, a good shall originate in the territory of a Party where:

a) the good is wholly obtained or produced entirely in the territory of one or more of the Parties, as defined in Article 415;

b) each of the non-originating materials used in the production of the good undergoes an applicable change in tariff classification set out in Annex 401 as a result of production occurring entirely in the territory of one or more of the Parties, or the good otherwise satisfies the applicable requirements of that Annex where no change in tariff classification is required, and the good satisfies all other applicable requirements of this Chapter;

c) the good is produced entirely in the territory of one or more of the Parties exclusively from originating materials; or

d) except for a good provided for in Chapters 61 through 63 of the Harmonized System, the good is produced entirely in the territory of one or more of the Parties but one or more of the non-originating materials provided for as parts under the Harmonized System that are used in the production of the good does not undergo a change in tariff classification because

(i) the good was imported into the territory of a Party in an unassembled or a disassembled form but was classified as an assembled good pursuant to General Rule of Interpretation 2(a) of the Harmonized System, or

(ii) the heading for the good provides for and specifically describes both the good itself and its parts and is not further subdivided into subheadings, or the subheading for the good provides for and specifically describes both the good itself and its parts,

provided that the regional value content of the good, determined in accordance with Article 402, is not less than 60 percent where the transaction value method is used, or is not less than 50 percent where the net cost method is used, and that the good satisfies all other applicable requirements of this Chapter."

Abb. 5: Inhalte des Artikel 401 des NAFTA-Vertrages
Quelle: NAFTA Secretariat, North American Free Trade Agreement, Chapter IV, Rules of Origin, Part Two, Trade in Goods.

Public finances, Jan-Mar

(Ps bn unless otherwise indicated)

	2010	2011	% real change
Total revenue	**735.8**	**773.6**	**1.6**
Oil	227.8	240.2	1.9
Non-oil	507.9	533.4	1.5
Tax	368.7	385.2	1.0
Income tax	174.0	195.8	8.8
VAT	131.1	130.9	-3.5
Total expenditure	**733.2**	**779.4**	**2.7**
Programmable	550.8	594.3	4.3
Current	442.7	477.5	4.3
Personal services	195.8	211.5	4.4
Operational costs	76.9	75.4	-5.2
Subsidies & transfers	82.7	91.3	6.7
Capital	108.1	116.8	4.4
Non-programmable	182.4	185.1	-1.9
Budgetary balance	**2.6**	**-5.8**	**n/a**
Non-budgetary balance	8.8	7.0	-22.7
Public-sector balance	11.3	1.3	-89.2

Source: Secretaría de Hacienda y Crédito Público (SHCP).

Tab. 1: Staatshaushalt Mexikos in den Jahren 2010 und 2011
Quelle: Country Report. Mexico 2011, S. 12.

Table 1: Mexico's Exports, 1984-1993 and 1994-2005 (in Billions of Dollars)

YEAR	1984	1985	1986	1987	1988	1989	1990	1991	1992	1993	AVER. GROWTH
Total	29.4	27.2	22.0	28.0	30.8	35.3	41.0	42.9	46.2	51.9	5.5%
To US	18.1	19.1	17.7	20.3	23.3	27.1	30.5	31.5	35.6	40.4	7.6%
YEAR	1994	1995	1996	1998	2000	2001	2002	2003	2004	2005	AVER. GROWTH
Total	60.9	79.5	96.0	117.5	166.4	158.5	160.7	165.4	188.0	213.7	9.3%
To US	50.1	62.8	75.1	95.4	136.8	132.2	135.5	139.0	157.1	172.1	9.2%

Source: WTO and U.S. Department of Commerce.

Tab. 2: Mexikos Exporte in den Zeiträumen 1984- 1993 und 1994- 2005 (in Mrd US-$)
Quelle: Salvatore, 2007, S. 4.

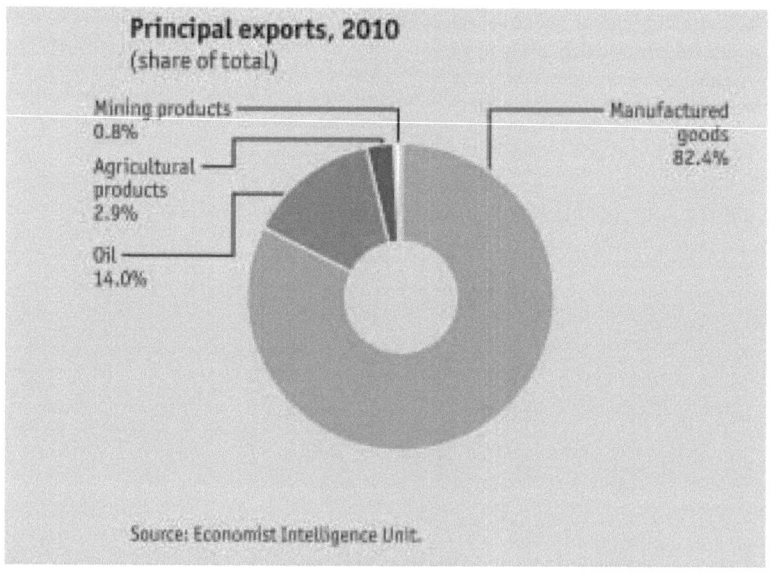

Abb. 6: Die Zusammensetzung der mexikanischen Exporte im Jahr 2010
Quelle: Economist Intelligence Unit, 2011, S. 20.

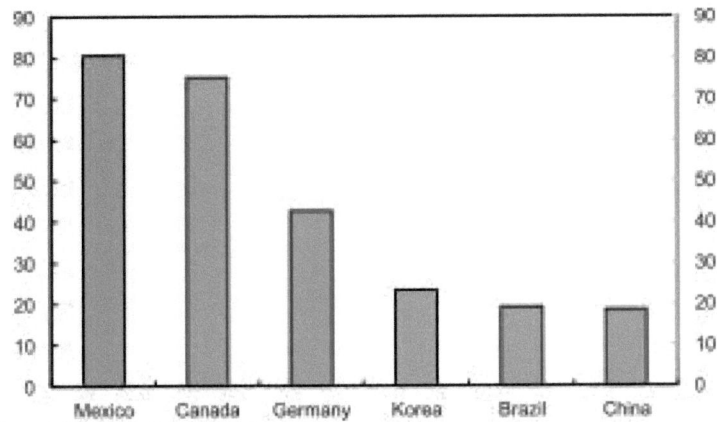

Share of exports to the largest trading partner
(In percent, 2009)

Sources: DOTS and staff calculations.

Abb. 7: Mexikos prozentuale Ausfuhren zu seinem größten Handelspartner
Quelle: IMF, 2011, S. 14.

Table 5 Simulation of NAFTA's Impact on the Mexican Economy,
Yearly averages, 1994-2005

	Estimates With NAFTA	Without NAFTA	Difference	Actual Results
Growth of real GDP (%)	5.2	3.8	1.4	2.9
Inflation rate (%)	9.7	14.5	-4.8	13.6
Short-term interest rate (%)	13.0	18.3	-5.3	16.4
Inflow of FDI (billion $)	9.2	6.0	3.2	14.8
Growth of exports (%)	10.4	8.3	2.1	9.5
Trade Deficit (billion $)	14.9	9.7	5.2	8.6
Net financial K inflows (bill. $)	14.7	10.6	4.1	12.8

Source: Klein and Salvatore (1995), Hufbauer and Schott (2005), IMF (2006), OECD (2006).

Tab. 3: Simulation des NAFTA-Einflusses auf die mexikanische Volkswirtschaft im Zeitraum 1994-2005
Quelle: Salvatore, 2007, S. 9.

Table 3
**Productivity (output per hour) and Real Hourly Compensation for All
Persons Employed in Manufacturing, 1990–2003** (indexes, 1990 = 100)

	United States		Canada		Mexico	
	Produc-tivity	Compen-sation	Produc-tivity	Compen-sation	Produc-tivity	Compen-sation
1990	100.0	100.0	100.0	100.0	100.0	100.0
1991	101.8	102.4	101.8	101.7	104.9	105.7
1992	108.0	104.5	106.8	105.6	113.4	114.7
1993	112.3	104.3	113.2	105.8	122.9	121.3
1994	117.2	105.4	118.5	107.3	132.2	126.8
1995	120.8	105.0	120.3	107.4	139.6	112.2
1996	124.8	104.3	117.4	106.7	149.8	100.1
1997	130.2	104.2	121.4	107.3	155.9	98.8
1998	135.0	108.9	121.0	107.1	161.8	101.6
1999	141.1	111.1	124.2	107.0	166.4	102.5
2000	146.1	117.3	126.7	105.5	176.1	108.7
2001	146.1	116.8	124.2	106.5	177.8	116.4
2002	156.7	119.6	n.a.	n.a.	186.3	118.6
2003	164.5	123.8	n.a.	n.a.	190.4	120.2

Sources: U.S. Department of Labor, Bureau of Labor Statistics (available at
www.bea.gov); Statistics Canada (available at www.statcan.ca); Instituto Nacional de
Estadística Geográfica e Informática (INEGI), Encuesta Industrial Nacional (available
at www.inegi.gob.mx); and author's calculations.

Tab. 4: Produktivitätsvergleich zwischen den NAFTA- Staaten von 1990 bis 2003
Quelle: Blecker, 2003, S. 14.

Table 5.15 NAFTA prices for corn
(US dollars per bushel)

Year	Canada	Mexico[a]	United States[b]
1991	2.22	4.39	2.37
1992	2.26	4.57	2.07
1993	2.52	4.84	2.50
1994	2.23	4.11	2.26
1995	3.81	4.69	3.24
1996	2.71	3.96	2.71
1997	2.53	3.65	2.43
1998	1.86	3.65	1.94
1999	1.81	3.54	1.82
2000	2.02	3.78	1.85
2001	2.15	3.72	1.91
2002	2.32	3.69	2.32
2003	2.15	3.75	2.20

a. White corn prices are calculated as weighted average of Conasupo buying prices for maize producers.
b. Data are average price.

Sources: Mexico: 1991–94 estimates are based on Nadal (2000); 1995–2000 data are minimum prices for corn producers based on OECD, *Agricultural Policies in OECD Countries,* 1998–2002; and 2001–03 data are based on SECOFI, Mexico's Ministry of Economy, 2003–04, Sistema de Información Empresarial Mexicano, www.secofi-siem.gob.mx/portalsiem (accessed in June 2003). United States: 1991–2001 data are based on CRB (2003); and 2002–03 data are based on *Grain Price Outlook,* University of Purdue and University of Illinois at Urbana-Champaign (2000). Canada: Data are based on AAFC (2003a).

Tab. 5: NAFTA Maispreise von 1991 bis 2003
Quelle: Hufbauer/ Schott, 2005, S. 334.

Table 3   Average Inflows of Foreign Direct Investment into Mexico

	1987–1993	1994–2000	2001–2007
Total inflows of FDI into Mexico			
in billions of U.S. dollars	3.2	12.4	22.4
as a percentage of Mexico's GDP	1.1	3.0	2.9
Inflows of FDI from the United States into Mexico			
in billions of U.S. dollars	1.6	4.6	8.7
as a percentage of total U.S. outflows of FDI	3.6	3.7	4.4[a]
as a percentage of total FDI inflows into Mexico	61.0	61.7	54.7

Sources: IMF, *International Financial Statistics*; U.S. BEA, www.bea.gov; INEGI, www.inegi.org.mx; and author's calculations.

[a] Excluding 2005 when the total was very low due to a large adjustment for exchange rate changes; if we also exclude 2001 (when Citibank bought Banamex) this figure would be 3.3 percent. If we include both 2001 and 2005, the average for all years 2001–2007 is 7.5 percent.

Tab. 6: Durchschnittliche ausländische Direktinvestitionen in Mexiko
Quelle: Blecker, 2010, S. 31.

Table 1. Mexican Wages and Per Capita GDP: 1996-2009

	1996	1998	2000	2002	2004	2006	2008	2009[a]
Average Real Wage Index[b] (LCU, 2005=100)	79	81	90	97	99	102	102	96
Average Real Wages[c] (% change from previous year)	-15.5	2.6	10.8	1.9	-0.1	2.3	-3.2	-5.0
Per Capita GDP ($ US)	3,814	4,681	6,293	6,850	7,239	8,865	9,913	7,870
Per Capita GDP[d] ($ PPPs)[e]	8,459	9,447	10,561	10,803	11,660	13,560	15,480	14,920

Source: Economist Intelligence Unit.

a.   Estimates

b.   Average real wage index in local currency rebased to 2005=100.

c.   Percentage change in hourly wages in local currency adjusted for inflation over previous year.

d.   Per Capita GDP in $PPPs are estimates.

e.   PPP refers to purchasing power parity, which reflects the purchasing power of foreign currencies in U.S. dollars.

Tab. 7: Mexikanische Löhne und das Pro- Kopf- BIP im Zeitraum 1996- 2009
Quelle: Angeles Villarreal, 2010a, S. 9.

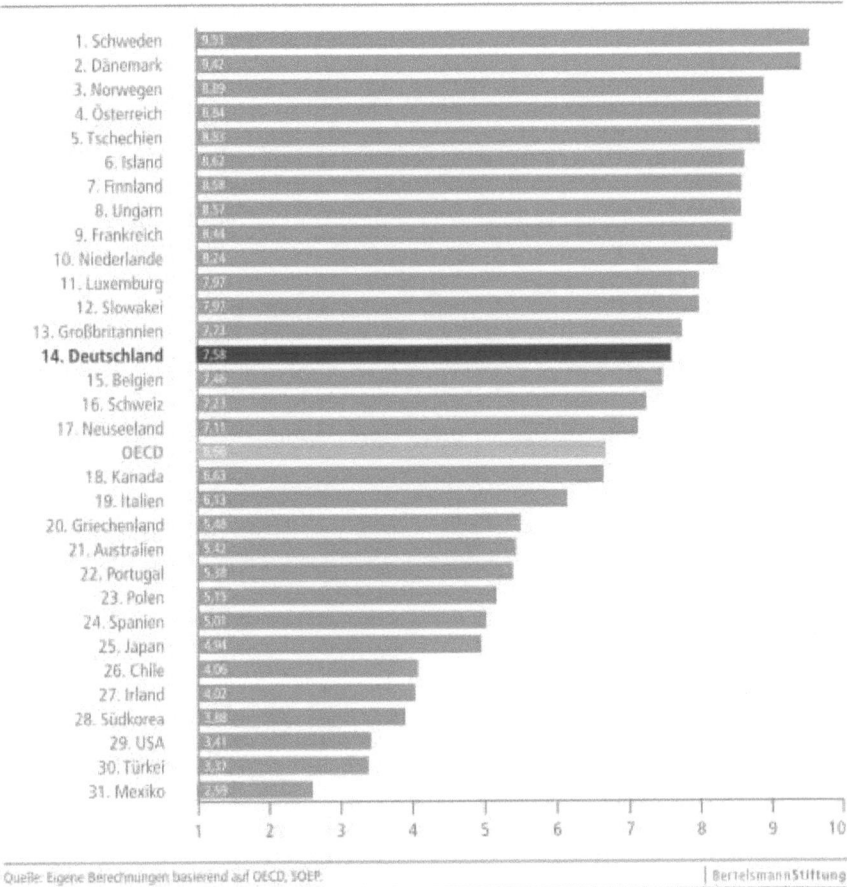

Abb. 8: Reihung der OECD- Staaten anhand ihres Engagements in der Armutsvermeidung
Quelle: Bertelsmann Stiftung, 2011, S. 16.

Figure 1. Income inequality increased in most OECD countries

Gini coefficients of income inequality, mid-1980s and late 2000s

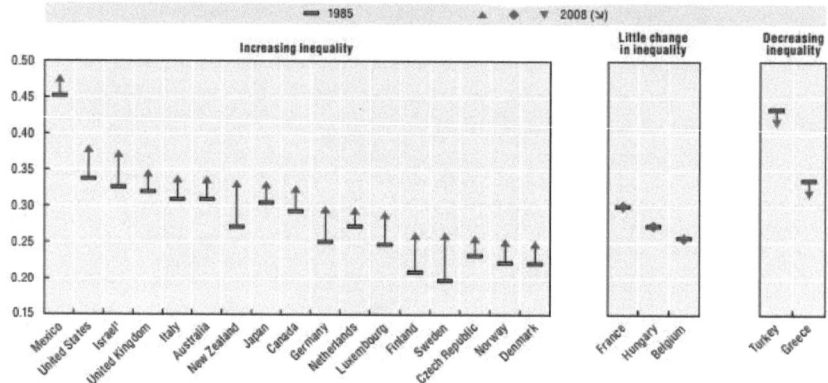

Abb. 9: Anstieg der Einkommensungleichheit im OECD-Vergleich
Quelle: OECD, 2011c, S. 6.

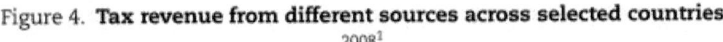

Figure 4. **Tax revenue from different sources across selected countries**
2008[1]

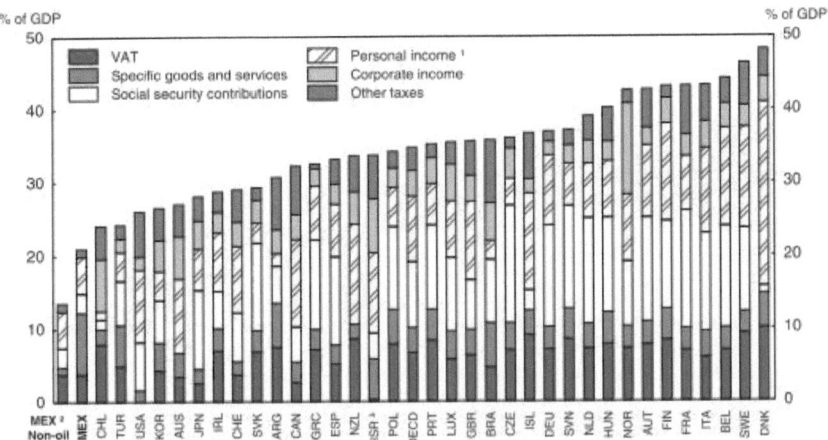

1. 2007 for Australia, Belgium, Chile, Greece, Iceland, Israel, Ireland, Japan, Netherlands, Poland and OECD average. Personal income tax collections include revenue from taxes on corporate income/profits in Mexico.
2. Excluding oil revenues.
3. The statistical data for Israel are supplied by and under the responsibility of the relevant Israeli authorities. The use of such data by the OECD is without prejudice to the status of the Golan Heights, East Jerusalem and Israeli settlements in the West Bank under the terms of international law.

Source: OECD, *Revenue Statistics Database*; Ministry of Finance for Chile and Brazil; Ministry of Economy and Production for Argentina; Central Bureau of Statistics for Israel.

StatLink ⟨⟩ http://dx.doi.org/10.1787/888932383204

Abb. 10: Zusammensetzung der Steuereinnahmen im internationalen Vergleich
Quelle: OECD, 2011b, S. 19.

Table A-1. U.S. Assistance to Mexico by Account, FY2007-FY2012

(U.S. $ millions)

Account	FY2007	FY2008a	FY2009b	FY2010	FY2011 (est.)	FY2012 (req.)
INCLE	36.7	242.1	454.0c	365.0d	117.0	248.5
ESF	11.4	34.7	15.0	15.0	18.0	33.3
FMF	0.0	116.5	299.0e	5.3	8.0	8.0
IMET	0.1	0.4	0.8	1.0	1.1	1.7
NADR	1.3	1.4	3.9	3.9	5.7	n/a
GHCSf	3.7	2.7	2.9	3.5	3.5	3.7
DA	12.3	8.2	11.2	10.0	25.0	33.4
TOTAL	65.4	405.9	786.8	403.7	178.3	328.6

Sources: U.S. Department of State, *Congressional Budget Justification for Foreign Operations FY2008-FY2012,* *FY2010 Supplemental Spending Plan; FY2011 653(a) allocation data provided by the State Department.*

Notes: GHCS=Global Health and Child Survival; DA=Development Assistance; ESF=Economic Support Fund; FMF=Foreign Military Financing; IMET=International Military Education and Training; INCLE=International Narcotics Control and Law Enforcement; NADR=Non-proliferation, Anti-terrorism and Related Programs. Funds are accounted for in the fiscal year for which they were appropriated as noted below:

a. FY2008 assistance includes funding from the Supplemental Appropriations Act, 2008 (P.L. 110-252).

b. FY2009 assistance includes FY2009 bridge funding from the Supplemental Appropriations Act, 2008 (P.L. 110-252) and funding from the Supplemental Appropriations Act, 2009 (P.L. 111-32).

c. $94 million provided under P.L. 111-32 and counted here as part of FY2009 funding was considered by appropriators "forward funding" intended to address in advance a portion of the FY2010 request.

d. $175 million provided in the FY2010 supplemental (P.L. 111-212) and counted here as FY2010 funding was considered by appropriators as "forward funding" intended to address in advance a portion of the FY2011 request.

e. $260 million provided under a FY2009 supplemental (P.L. 111-32) and counted here as FY2009 funding was considered by appropriators "forward funding" intended to address in advance a portion of the FY2010 request.

f. Prior to FY2008, the Global Health and Child Survival account was known as Child Survival and Health.

Tab. 8: Unterstützung politischer Programme Mexikos durch die USA
Quelle: Ribando Seelke/ Finklea, 2011, S. 19.

Table 4. Mexico's Exports by FTA Partners

(Millions US$)

Partners	1996	1998	2000	2002	2004	2006	2008	2009
NAFTA	82,017	103,668	149,784	144,889	167,814	216,976	241,687	193,254
Costa Rica	209	290	354	373	387	522	922	652
Nicaragua	61	65	123	93	151	522	371	221
Chile	781	736	549	323	443	905	1,589	1,053
European Union	3,555	3,988	5,799	5,626	6,818	10,967	17,080	11,353
Israel	13	24	67	56	62	91	220	85
El Salvador	177	246	307	292	317	497	772	463
Guatemala	375	623	574	548	673	935	1,388	1,195
Honduras	107	146	149	156	182	285	459	377
EFTA	200	132	131	172	119	154	643	478
Japan	1,251	552	1,115	1,194	1,191	1,594	2,068	1,615
Non-FTA Countries	7,258	7,123	7,169	7,324	9,842	16,477	25,467	18,874
Total	96,004	117,593	166,121	161,046	187,999	249,925	292,666	229,620

Source: Mexico's Ministry of Economy with data from *Banco de México*. Compiled by CRS.

Tab. 9: Mexikos Exporte zu Freihandelspartnern im Zeitraum 1996 bis 2009
Quelle: Angeles Villarreal, 2010b, S. 14.

Table 5. Mexico's Imports from FTA Partners

(Millions US$)

FTA Partners	1996	1998	2000	2002	2004	2006	2008	2009
NAFTA	69,280	95,549	131,551	111,037	116,154	137,687	162,066	119,737
Costa Rica	58	87	180	416	852	789	777	923
Nicaragua	12	14	27	27	52	78	119	106
Chile	171	552	894	1,010	1,464	2,470	2,593	1,651
European Union	7,800	11,846	15,057	16,950	21,657	28,938	39,160	27,204
Israel	79	137	297	250	402	429	524	416
El Salvador	19	25	20	36	50	59	71	71
Guatemala	77	81	91	117	230	356	501	500
Honduras	5	12	13	25	66	123	255	177
EFTA	484	648	851	872	1,074	1,386	1,693	1,371
Japan	4,132	4,537	6,466	9,349	10,583	15,295	16,326	11,397
Non-FTA Countries	7,352	11,885	19,011	28,590	44,226	68,442	86,047	70,832
Total	89,469	125,373	174,458	168,679	186,810	256,052	310,132	234,385

Source: Mexico's Ministry of Economy with data from *Banco de México*. Compiled by CRS.

Tab. 10: Mexikos Importe von Freihandelspartnern im Zeitraum 1996 bis 2009
Quelle: Angeles Villarreal, 2010b, S. 15.

Figure 7
Mexico's Trade with Asia

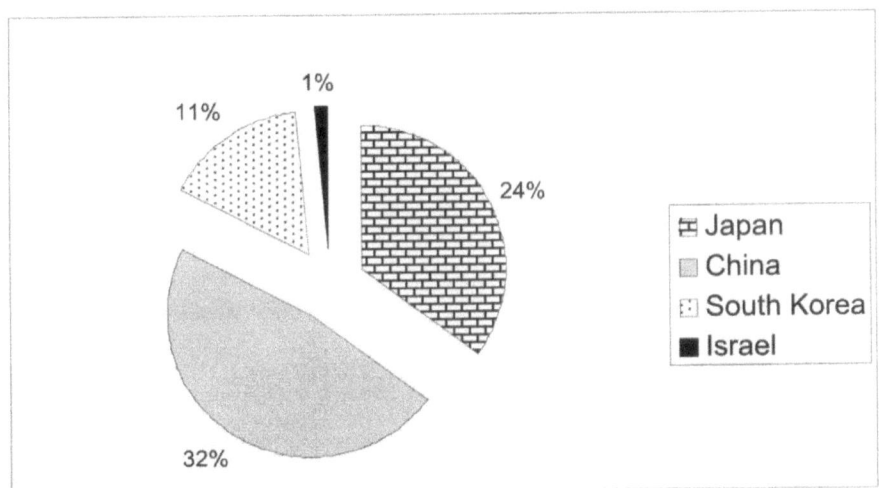

Source: Presidencia de la República, 2005, 173.

Abb. 11: Mexikos Handelspartner in Asien
Quelle: Ortiz Mena, 2006, S. 20.

Kira Kogan: MERCOSUR: Regionale Integration in Lateinamerika.
Ziele und Methoden im Vergleich zur EU

2008

Einleitung

MERCOSUR, auf Spanisch "Mercado Común del Cono Sur", ist eine Grundlage des gemeinsamen Binnenmarktes im südlichen Lateinamerika und wurde am 26 März 1991 gegründet. Der Vertrag von Asunción, der von Argentinien, Brasilien, Paraguay und Uruguay unterzeichnet wurde, ist am 29.11.1991 in Kraft getreten. Im Jahr 1996 schloss sich Chile und 1997 auch Bolivien den Mercosur- Staaten an. Die Einrichtung der Freihandelszone hatte das Ziel, die wirtschaftliche und politische Integration in den Mitgliedsstaaten zu fördern, wobei die handelspolitische Liberalisierung und Demokratisierung von Argentinien und Brasilien die entscheidende Rolle gespielt haben. Mercosur stellt derzeit den wichtigsten regionalen Wirtschaftsblock Lateinamerikas dar. Mit circa 200 Millionen Einwohnern ist er nach der NAFTA[199], der EU und ASEAN[200] der viertgrößte Wirtschaftsblock der Welt (vgl. Korthoff, 2005, S. 87).

Die Europäische Union, gegründet am 1 November 1993, ist ein Staatenverbund aus 27 europäischen Staaten und eine Grundlage des gemeinsamen Binnenmarktes in Europa. Die Union umfasst 500 Millionen Einwohner und erwirtschaftet das größte Bruttoinlandsprodukt der Welt. Die Europäische Gemeinschaft stellt eine komplexe, sich entwickelnde und flexible Struktur dar und wird in mehrerlei Hinsicht als wirtschaftliches Musterbeispiel für den MERCOSUR- Verbund angesehen.

Ziel dieses Beitrages ist es, die wichtigsten strukturellen, politischen und sozialen Aspekte der Integrationsmodelle von EU und MERCOSUR zu betrachten und die beiden Wirtschaftsblöcke anhand ihrer zentralen Eigenschaften im Rahmen der regionalen Integrationstheorie zu vergleichen.

In vorliegender Arbeit wird zuerst auf die theoretischen Ansätze eingegangen, die die ökonomische Grundlage für die Entstehung und Entwicklung von EU und MERCOSUR darstellen. Weiterhin wird ein Vergleich der beiden Wirtschaftsblöcke durchgeführt, wobei solche Punkte wie geschichtlicher Überblick, Grundlagen und Zielsetzungen sowie der institutionelle Aufbau betrachtet werden. Im Anschluss daran werden die Gemeinsamkeiten und Unterschiede zwischen den Formen der regionalen Integration in EU und

---

199 North American Free Trade Agreement

200 Association of Southeast Asian Nations

MERCOSUR analysiert. Abschließend werden die zentralen Themen des Aufsatzes zusammengefasst.

Theoretische Ansätze

Globalisierung

Unter Globalisierung versteht man weltweite, vor allem wirtschaftliche Verflechtung. Der technologische Fortschritt und die Liberalisierung des Welthandels förderten die wirtschaftlichen Zusammenschlüsse sowohl in Europa als auch und Lateinamerika, die sich im Laufe der Zeit zu globalen Integrationsprojekten entwickelt haben.

Nach dem zweiten Weltkrieg war das größte Ereignis, das den Verflechtungstrend etablierte, die Bretton-Woods- Konferenz von 1944. Hier wurden die Weltbank und der Internationale Währungsfonds gegründet. In 1947 kam das Allgemeine Zoll- und Handelsabkommen GATT[201] hinzu. Friedenssicherung, Expansion, Wohlstandserhöhung sind die Basiskonzepte, auf denen Globalisierung basiert, und die Schaffung der Freihandelszonen und Zollunionen sind ihre kennzeichnenden Merkmale.

Die Gründung der EU als gemeinsamen Binnenmarkt eröffnete neue Möglichkeiten für die Mitgliedsstaaten, schuf aber gleichzeitig auch neue Herausforderungen, mit denen sich die Mitgliedsstaaten von MERCOSUR im Laufe des Integrationsprozesses auseinandersetzen mussten.

> „Globalisierung der Wirtschaft bedeutet unter ordnungspolitischen Gesichtspunkten vor allem eine grenzüberschreitende Intensivierung des Wettbewerbs" (Sangmeister, 1999, S. 34)

Aufgrund von Diskrepanzen zwischen den wirtschaftlichen Kapazitäten der kleinen und großen Länder Lateinamerikas wurde die Einführung des gemeinsamen Außenzolls im Rahmen des Integrationsprozesses von der Intensivierung des Wettbewerbs innerhalb des Wirtschaftsblocks geprägt. Trotz der anfänglichen Schwierigkeiten nahm die Handelsliberalisierung im MERCOSUR einen relativ positiven Verlauf. Bereits 1999 wurde der Freihandel zwischen den Mitgliedsstaaten für 90% aller Produkte realisiert. Nach einer Entscheidung des Rates gelten bis 2013 die nationalen Bestimmungen, die danach durch eine gemeinsame Regelung für Freizonen ersetzt werden müssen.

In der EU wurde mit dem Vertrag von Kohle und Stahl, einem der wichtigsten Ereignisse bei der Globalisierung, eine Grundlage für den gemeinsamen Markt

---

[201] General Agreement on Tariffs and Trade

kreiert, welche die dynamischen Handelsbeziehungen im vereinigten europäischen Wirtschaftsraum gefördert hat.

Die Integrationstheorie

Integration wird definiert als Zusammenschluss mehrerer Staatsräume zu einem Wirtschaftsgebiet mit binnenmarktähnlichen Verhältnissen. Dabei unterscheidet man folgende Stufen der Integration:

- Beseitigung der bestehenden Handelshemmnisse,
- Ausdehnung der Liberalisierung auf die Faktorbewegung,
- Harmonisierung der Wirtschaftspolitik im Integrationsraum,
- Die Vereinheitlichung der Wirtschaftspolitik im Integrationsraum, was auch als „institutionelle Integration" bezeichnet wird (vgl. El-Shagi, 1980, S.35).

Die Integrationstheorie besagt, dass bei der optimalen Festlegung des gemeinsamen Außenzolls positive Wohlfahrtseffekte einer regionalen Integrationsmaßnahme bei den Integrationspartnern garantiert werden können. Dabei wird die bestmögliche Ausnutzung der Ressourcen im gesamten Integrationsraum angestrebt (vgl. Clement, 1988, S.3).

Die Zollunionstheorie bildet die theoretische Grundlage für die Integrationsbestrebungen bei MERCOSUR als auch in der EG. In der ersten Stufe der Integration wird ein regionaler Zusammenschluss mehrerer selbständigen Staaten zu einem einheitlichen Zollgebiet angestrebt, so dass Zoll- und Staatsgrenzen nicht mehr identisch sind.

Die Zollunion ist gekennzeichnet durch folgende Merkmale:

- einem gemeinsamen Außenzolltarif gegenüber Drittländern,
- der Beseitigung von Binnenzöllen gegenüber Mitgliedsländern und
- der Verteilung der Zolleinnahmen zwischen den Mitgliedsländern nach einem vorher vereinbarten Schlüssel (Clement, 1988, S. 3)

Der gemeinsame Außenzoll ist ein wesentliches Instrument zur Errichtung des gemeinsamen Marktes, der eine nachfolgende Stufe der Integration präsentiert. Dadurch soll verhindert werden, dass Nicht- Mitgliedstaaten die innere Öffnung des Wirtschaftsraumes zu ihrem Vorteil ausnutzen, da sie Waren in Staaten mit höheren Außenzöllen über einen anderen Mitgliedstaat mit niedrigeren Außenzöllen einführen könnten.

Schaffung der gemeinsamen Zölle wurde zum ersten Schritt zu globaler Integration und Freihandel sowohl im Integrationsmodell von EU als auch in dem von MERCOSUR. Jedoch kommt es im MERCOSUR bei der Festlegung gemeinsamen Außenzolls innerhalb der Partnerländer regelmäßig zu Meinungsverschiedenheiten. Vereinbarung gemeinsamer Kontroll- und Verrechnungsmechanismen wird durch die ungleichen wirtschaftlichen Kapazitäten der Mitgliedstaaten erschwert.

> „Brasilien verspricht sich durch die Schaffung eines gemeinsamen großen Binnenmarktes hohe Absatzsteigerungen seiner Industriegüter. Zum Schutz seiner Produkte gegenüber drittländischen Produkten, plädiert es für einen möglichst hohen gemeinsamen Außenzoll, was besonders für Paraguay, aufgrund seiner Offenheit der Volkswirtschaft, eher eine Abschottung bedeutet." (Korthoff, 2005, S. 107)

Die Doppelverzollung bleibt somit ein großes Problem auf dem Weg zur Zollunion in MERCOSUR.

In der EU sind die wirtschaftlichen und sozialen Ungleichheiten zwischen den beteiligten Ländern nicht so stark ausgeprägt, was die weiteren auf der Zollunion basierenden Integrationsschritte ermöglicht. Die Entwicklung des gemeinsamen Währungssystems und die Einführung der supranationalen Organe sind die wichtigsten Erfolge der Integration im europäischen Raum.

Ziele und Grundlagen

Entstehung der Europäischen Union

Nach dem Zweiten Weltkrieg sehnte sich Europa nach Frieden, Sicherheit und Stabilität. Die Optimallösung haben die Regierungen der europäischen Staaten in einer Integrationsgesellschaft gesehen.

Die sechs Gründerstaaten der EG: Belgien, Deutschland, Frankreich, Italien, Luxemburg und die Niederlande haben im Jahr 1951 die gemeinsamen Organe eingeführt, von denen ein Teil der staatlichen Souveränität übernommen wurde. Diese bildeten die Basis der europäischen Integration, die auf vier Gründungsverträgen beruht:

- dem Vertrag zur Europäischen Gemeinschaft für Kohle und Stahl (1951),
- dem Vertrag zur Gründung der Europäischen Wirtschaftsgemeinschaft und dem der Europäischen Atomgemeinschaft (1957) sowie
- dem Vertrag über die Europäische Union, auch Vertrag von Maastricht genannt (1992).

Der Vertrag über die Europäische Gemeinschaft für Kohle und Stahl (EGKS) wurde am 18. April 1951 unterzeichnet und trat am 25. Juli 1952 in Kraft. Mit diesem Vertrag wurden durch die Schaffung einer „Hohen Behörde", einer Parlamentarischen Versammlung, eines Ministerrates, eines Gerichtshofs sowie eines Beratenden Ausschusses die Grundlagen für das gemeinschaftliche Einigungswerk gelegt. Die Verträge über die Europäische Wirtschaftsgemeinschaft (EWG) und die Europäische Atomgemeinschaft (EAG, genannt „EURATOM", Verträge von Rom), die am 25. März 1957 unterzeichnet wurden, traten am 1. Januar 1958 in Kraft.

Im Jahr 1973 traten Dänemark, Irland und das Vereinigte Königreich von Großbritannien und Nordirland ebenfalls der EG bei. Im 1979 trat das EWS, das Europäische Währungssystem, in Kraft. Mit dem EWS erreichten die Staaten stabile Wechselkurse zwischen den jeweiligen Landwährungen. Das Europäische Währungssystem war die Grundlage für die spätere Wirtschafts- und Währungsunion.

Die Gründung der EGKS war eine erste Etappe auf dem Weg zu einer "Europäischen Föderation". Der gemeinsame Markt für Kohle und Stahl sollte die Möglichkeit bieten, eine Formel zu erproben, die gegebenenfalls auf weitere wirtschaftliche Bereiche ausgedehnt werden könnte, um schließlich zu einer politischen europäischen Gemeinschaft zu gelangen.

Die Europäische Wirtschaftsgemeinschaft verfolgt das Ziel der Errichtung eines gemeinsamen Marktes, der auf vier Freiheiten beruht: Freier Warenverkehr, die Freizügigkeit sowohl des freien Kapital- als auch Dienstleistungsverkehrs, die schrittweise Angleichung der Wirtschaftspolitik.

Das Ziel von EURATOM war es, die Koordinierung der Forschungsprogramme zu gewährleisten, die von den Staaten im Hinblick auf die friedliche Nutzung der Kernenergie in Gang gesetzt worden sind oder gesetzt werden sollten.

Der Fall der Berliner Mauer im Jahre 1989 veränderte das politische Gesicht Europas grundlegend. Dieses Ereignis führte zur Wiedervereinigung Deutschlands im Oktober 1990 und zur Demokratisierung der Länder Mittel- und Osteuropas, die sich von der Sowjetunion loslösten. Dadurch entstand die neue europäische Dynamik, die Verhandlungen über den neuen Vertrag bezüglich der europäischen Union ermöglichte. Dieser Vertrag hat den bestehenden Gemeinschaftsstrukturen neue Bereiche der Regierungs- zusammenarbeit hinzugefügt.

Am 7. Februar 1992 endete mit der Unterzeichnung der Maastrichter Verträge durch die Staats- und Regierungschefs eine Doppelkonferenz der EG- Staaten, die das Ziel hatte, die Bildung der Europäischen Union voranzubringen und zu formalisieren. Der europäische Binnenmarkt, gemeinsames Währungssystem und die Verwaltungsinstitutionen wurden zur Endform gebracht, die politischen und sozialen Richtlinien wurden festgelegt und sind am 1. November 1993 nach dem positiven Urteil des Bundesverfassungsgerichts in Kraft getreten.

Der europäische Integrationsprozess entwickelte sich somit in gradueller Weise durch die unterschiedlichen, aufeinander aufbauenden Stadien der regionalen Zusammenschlüsse, die von allen Mitgliedsländern zum selben Zeitpunkt begonnen wurden.

Entstehung des MERCOSUR

Im Gegensatz zur EU entwickelte sich der MERCOSUR- Verbund in drei Phasen, nämlich einer ersten Phase der Kooperation und Handelsliberalisierung zwischen Argentinien und Brasilien (1984-1991), der zweiten Phase der Gründung des MERCOSUR und der Fortsetzung der Handelsliberalisierung (1991-1995) sowie der dritten Phase der Einführung des gemeinsamen Marktes (ab1.1.1995)

Durch die Einführung von Sektorprotokollen wurden die Zollunion und der gemeinsame Markt gebildet, die als zwei aufeinander folgende Integrationsstadien auftreten (vgl. Ramiro Xavier Vera- Fluixa, 2000, S.15).

In Lateinamerika sind die Bestrebungen zu den bi- und multinationalen Zusammenschlüssen historisch eng mit der Freiheitsvorstellung und Selbstbestimmung des Kontinents verbunden, und das Konzept der regionalen Integration vereinigt politische als auch ökonomische Ziele. Die nachhaltige wirtschaftliche und soziale Krise der achtziger Jahre in Lateinamerika hat es für die Staatsregierungen überlebenswichtig gemacht nach Wegen zur Integration zu suchen. Wirtschaftliche Zusammenschlüsse wurden zum Werkzeug, die Rezession, Hyperinflation und rückläufige Produktivität im industriellen Sektor zu bewältigen. Ähnlich wie in der EU wurden die Stabilität, Handelsliberalisierung und Sicherheit als Hauptziele angestrebt. Die nationalistischen Militärregime Argentiniens (1976- 83) und Brasiliens (1964- 84) haben sich als inkompetent erwiesen, weshalb die Effektivität nun durch regionale Kooperation erreicht werden sollte.

Die kleinen Mitgliedsstaaten wie Paraguay und Uruguay hatten ökonomische sowie politische Gründe für die Teilnahme an dem Wirtschaftsverbund. Durch den Anschluss an den MERCOSUR hofften sie auf eine Steigerung des Exportes in den Wirtschaftsbereichen, wo sie die komparativen Wettbewerbsvorteile hatten. Für Uruguay sind dies die Baumwollindustrie und Viehzucht sowie der Banksektor und für Paraguay der Energiesektor. Als weitere Anlasse für die Vereinigung lassen sich die angestrebte Modernisierung und politische Konsolidierung in diesen Ländern nennen.

MERCOSUR vereinigt Ziele und Methoden der vorhandenen Zusammenschlüsse und stellt die moderne Variante des gemeinsamen Binnenmarktes in Lateinamerika dar. Die Hauptaufgaben von MERCOSUR sind:

- Freier Verkehr von Gütern, Dienstleistungen und Produktionsfaktoren zwischen den Ländern;
- Einführung eines gemeinsamen Außenzolls und Ausarbeitung einer gemeinsamen Handelspolitik;
- Koordinierung der gesamtwirtschaftlichen Handelspolitik zwischen den Vertragsstaaten;
- Verpflichtung der Vertragsstaaten zur Harmonisierung ihrer Gesetzgebung auf den entsprechenden Gebieten,

so dass im gesamten Territorium gleiche Konkurrenzbedingungen herrschten (vgl. Fischer, 1999, S. 15).

Im Rahmen der Zielsetzung wurden die folgenden Integrationsversuche unternommen: Die Lateinamerikanische Integrationsvereinigung (ALADI[202]), früher als Lateinamerikanische Freihandelsvereinigung (ALALC[203]) bekannt, der Mittelamerikanische Gemeinsame Markt (MCCA[204]) und der Anden- Pakt (Grupo Andino). Diese Zusammenschlüsse zielten allesamt auf die Erweiterung des jeweiligen Wirtschaftsraumes durch eine relativ enge wirtschaftliche Integration ab.

Der Anden-Pakt entstand innerhalb der ALALC als eine Reaktion der kleineren und mittleren Länder auf die ungünstige Situation, in der sie sich im Rahmen der Integration befanden. Das Abkommen zielte auf eine Wirtschaftsgemeinschaft mit vollständiger interner Zollfreiheit, einem gemeinsamen äußeren Zolltarif, einer Harmonisierung und Koordinierung der Wirtschaftspolitik und in geringerem Maße auch der Sozialpolitik ab. Er wurde im Mai 1969 gleichzeitig mit dem Abkommen über die Gründung der gemeinschaftlichen Finanzierungsinstitution zur Entwicklungsförderung im Anden- Raum (CAF[205]) unterzeichnet. Germanico Salgado in seinem Werk „ Die Integration Lateinamerikas und ihre Bedeutung für die Wirtschaftsbeziehungen mit Westeuropa" betont die besondere Rolle dieses Abkommens:

> „Als wichtigste Besonderheit gegenüber anderen Integrationsverträgen in der Entwicklungswelt wurde eine gemeinschaftliche industrielle Programmierung einbezogen, um wichtige industrielle Aktivitäten im Integrationsraum so nach Ländern zu lokalisieren, dass ein Maximum an Effizienz, aber auch gleichzeitig an gerechter Verteilung unter den Mitgliedsländern erreicht werden könnte" (vgl. Germanico Salgado, 1983, S. 64).

Im Jahr 1975 wurde das Lateinamerikanische Wirtschaftssystem (SELA[206]) gegründet, das auf der Basis der bis dahin gemachten Erfahrungen nach den neuen Wegen der Zusammenarbeit suchte und das Ziel hatte, die Fragmentierung und die wirtschaftliche und technologische Unterentwicklung zu bekämpfen. Die Hauptfunktion des SELA ist die Schaffung der wichtigsten

---

202 Associacion Latinoamericana de Integracion

203 Associacion Latinoamericana de Libre Comercio

204 Mercado Comun Centroamericano

205 Corporation Andina de Fomento

206 Sistema Economico Latinoamericano

Institutionen, die für die zukünftige Entwicklung von Lateinamerika verantwortlich sind. Diese sind das Sekretariat, der Lateinamerikanische Rat, das politische Instrument für Entscheidungen, Konsultationen und Koordinierung, sowie die Aktionskomitees zur Bestimmung spezieller Koordinationsaufgaben unter Beteiligung aller daran interessierten Länder (vgl. Germanico Salgado, 1983, S. 60).

Im Jahr 1980 kam es zur Unterzeichnung eines neuen Vertrages und zur Gründung von ALADI. Das Ziel einer Freihandelszone wurde dabei aufgegeben, der gemeinsame lateinamerikanische Markt wurde aber weiterhin als eine ferne Möglichkeit angesehen.

Diese Zusammenschlüsse scheiterten aber letztlich an zu kleinen Märkten, zunehmender struktureller Ungleichheit innerhalb der geschaffenen Räume und starker Diskrepanzen zwischen Gewinnern und Verlierern der Integration. Die unterschiedlichen politischen Systeme, Territorialkonflikte sowie protektionistische und nationalistische Ideologien- Problembereiche und Missverhältnisse, die in Europa nur in geringerem Maß oder gar nicht ausgeprägt sind – haben jedenfalls eine negative Rolle für die Integrationsversuche in Lateinamerika gespielt.

Im Laufe dieser Integrationsprozesse wurde aber die grundlegende Erfahrung zur Gründung des MERCOSUR gesammelt. Daher kennzeichnet sich MERCOSUR durch geringere Einschränkung der nationalstaatlichen Autonomie, Flexibilität bezüglich der aktuellen Neuentwicklungen und geringe bürokratische Verfestigung (vgl. Bendel & Fischer, 1999, S. 14).

Der institutionelle Aufbau

Der institutionelle Aufbau des MERCOSUR

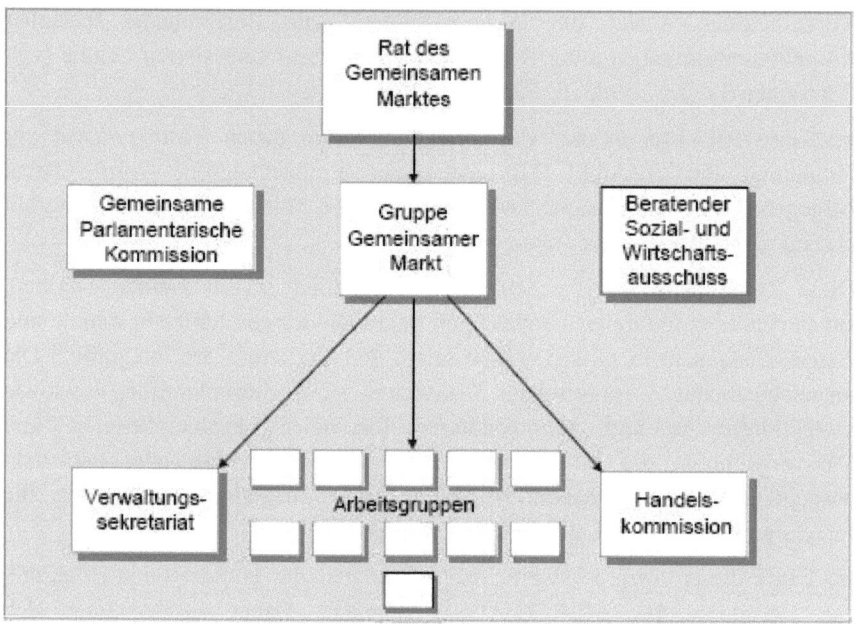

Abbildung 1: Institutionelle Struktur des Mercosur
Quelle: Ramiro Xavier Vera-Fluixa, „Regionalbildungsansätze in Lateinamerika und ihr Vergleich mit der europäischen Union", 2000.

Hiermit wurden die wichtigsten Schritte zur Bildung von MERCOSUR getan, sowohl im wirtschaftlichen als auch im rechtlichen Sinne. MERCOSUR kann als Ergebnis der Annäherungspolitik zwischen Argentinien und Brasilien betrachtet werden, und eine der wichtigsten Funktionen des gemeinsamen Marktes des Südens ist es, die Einrichtung einer Freihandelszone und den Demokratisierungsprozess in beiden Ländern zu fördern. Mit dem Protokoll von Ouro Preto vom 17.12. 1994 wurden die sechs institutionellen Organe gestaltet: Rat des gemeinsamen Marktes als Entscheidungsorgan, die Gruppe des gemeinsamen Marktes (Exekutivorgan mit Initiativrecht) und die Handelskommission, die eine beratende Funktion erfüllt. Weitere Organe sind die gemeinsame parlamentarische Kommission, der beratende Sozial- und Wirtschaftsausschuss und das Verwaltungssekretariat.

In die Zuständigkeit des Rates fallen die politische Leitung und die Entscheidungen, die zur Einhaltung der für die endgültige Schaffung des gemeinsamen Marktes festgelegten Ziele und Fristen notwendig sind. Somit wird der Rat zum strategisch wichtigsten Organ des MERCOSUR.

Die Gruppe, die von den Außenministerien geleitet wird und sich aus vier Voll- und vier Ersatzmitgliedern pro Land zusammensetzt, wacht über die Einhaltung des Vertrages, leitet die zur Umsetzung der Entscheidungen des Rates notwendigen Schritte ein, schafft konkrete Maßnahmen zur Anwendung des wirtschaftlichen Liberalisierungsprogramms und legt die Arbeitspapiere zur Fortentwicklung des MERCOSUR vor. Sie kann dem Rat auch Vorschläge unterbreiten, die durch Arbeitsgruppen ausgearbeitet werden. Von besonderer Bedeutung sind die elfte und damit auch letzte ständige Expertengruppe, die sich mit Fragen der Arbeitsbeziehungen, der Beschäftigungsproblematik und der sozialen Sicherheit befasst.

Die Handelskommission beschließt für die Mitglieder verbindliche Richtlinien zur Anwendung der Instrumente der Handelspolitik. Sie besteht aus vier stellvertretenden Mitgliedern aus den relevanten Ministerien.

Weitere Organe, die den Integrationsprozess unterstützen sollen, sind die Gemeinsame Parlamentarische Kommission, das Beratungsforum für Wirtschafts- und Sozialfragen sowie das Sekretariat. Diese haben jedoch keine entscheidenden Kompetenzen und wirken lediglich beratend- empfehlend (vgl. Fischer, 1999).

Die Regierungen der Mitgliedstaaten haben aufgrund des „institutionellen Minimalismus" somit eine wichtige Stellung innerhalb der Entscheidungs-prozesse. Sie haben ein klares Übergewicht den anderen Institutionen gegenüber und haben keine Kompetenzen an supranationale Institutionen abgegeben. Das Positive daran ist, dass die gefassten Beschlüsse von den Mitgliedsstaaten auf diese Weise leichter umgesetzt werden können als es bei einer stärker demokratischen Rückkopplung der Fall wäre. Andererseits besteht ein Mangel an Legitimation bei Parteien und Verbänden, die auf der obersten Ebene keine Vertretung besitzen.

MERCOSUR basiert auf intergouvernementalem Prinzip, das impliziert, dass die Entscheidungskompetenz bei den Staaten verbleibt und jedes Mitgliedsland bei den Einstimmigkeitsentscheidungen ein Vetorecht besitzt. Somit wird MERCOSUR als Integrationsmodell überwiegend durch die wirtschaftliche Integration charakterisiert, wobei die Abkommen über die Einführung des gemeinsamen Außenzolles und gemeinsamen Marktes eine zentrale Stellung einnehmen. Jedoch haben die heterogene Zusammensetzung des Wirtschaftsblocks, die territoriale Zerstreutheit und unterschiedliche politische Interessen der Mitgliedsstaaten die Einführung der supranationalen Organe verhindert.

Der institutionelle Aufbau der EU

Die Europäische Union basiert auf supranationalem Prinzip, wobei die Organisationen durch völkerrechtliche Verträge begründet werden, deren Entscheidungen und Regelungen für die einzelnen Staaten und Nationen übergeordnet und verbindlich sind.

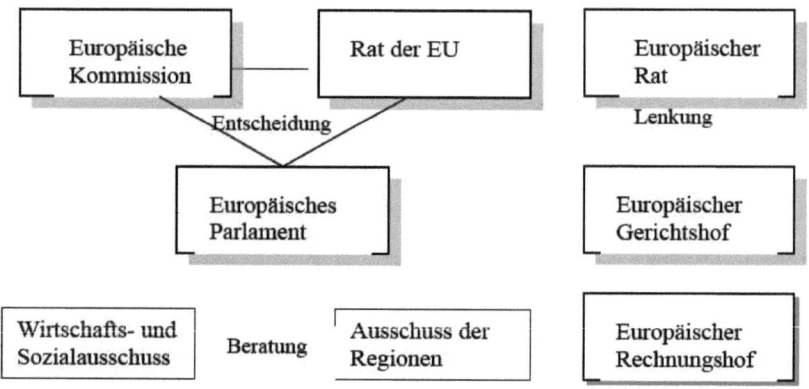

Abbildung 2: Institutionelle Struktur der EU
Quelle: eigene Darstellung (vgl. http://www.dadalos-d.org/europa/images/eu-institutionen_1a.png

Die Kommission der Europäischen Gemeinschaft, eines der vier Hauptorgane der EG, ist als Exekutivorgan der Gemeinschaft mit legislativem Initiativrecht definiert. Diese EU-Institution vertritt die Gemeinschaftsinteressen und hat die Aufgabe, die Einhaltung der Gemeinschaftsverträge und des Gemeinschaftsrechts durch die Mitgliedstaaten zu überwachen und notfalls im Vertragsverletzungsverfahren vor dem Europäischen Gerichtshof durchzusetzen. Die Kommission führt auch den Haushalt der Gemeinschaft, verwaltet die Strukturfonds sowie die Mittel für Forschungs- und Entwicklungsprogramme der EG. Das Funktionieren der EU-Kommission basiert auf supranationalem Prinzip, wo die Vorgesetzten über die Angelegenheiten der Europäischen Gemeinschaft unabhängig von der staatlichen und nationalen Zugehörigkeit entscheiden. Somit erreicht die Europäische Gemeinschaft die höchste Stufe der

Integration, die durch politische Zusammenschlüsse und Einrichten gemeinsamer institutioneller Organe gekennzeichnet wird. Dabei geben die Mitgliedsländer einen Teil der Kompetenzen an die übergeordneten Organisationen ab und durch diese Institutionen wird die Beachtung der Interessen und Rechte der Integrationspartner innerhalb des Wirtschaftsblocks gewährleistet.

Das Europäische Parlament ist das demokratische Legitimationsorgan der Gemeinschaft. Es besitzt die Kontrollrechte über alle Organe der EU, stimmt der Benennung der Kommissionsmitglieder zu oder lehnt diese ab. Damit ist es bevollmächtigt, ein Misstrauensvotum gegen die gesamte Kommission einzubringen. Außerdem teilt sich das Europäische Parlament die Haushaltsbefugnis mit dem Rat und kann daher auch Einfluss auf die Ausgaben der EU ausüben. In letzter Instanz entscheidet es ebenfalls über den Gesamthaushalt. Es kann Untersuchungsausschüsse einsetzen, spricht in den Außenbeziehungen mit und ist in den Ernennungsprozess der Kommission involviert.

Der Gerichtshof der Europäischen Gemeinschaften (EuGH), einem der Hauptorgane der EG, ist für die Gültigkeitsprüfung des Gemeinschaftsrechts zuständig. Seine Hauptaufgabe liegt in seiner Funktion als EG-Verfassungsgericht, zugleich ist er Verfassungs-, Verwaltungs- und Zivilgericht, Rechtsmittelinstanz, Schieds- und Gutachterstelle. Der Gerichtshof ist zuständig für Streitigkeiten zwischen Mitgliedstaaten und Vertragsverletzungsklagen, die die EG-Kommission gegen einen Mitgliedstaat erhebt. Er ist ferner zuständig für Schadenersatzprozesse gegen die Gemeinschaft und übt die Revisionskontrolle gegenüber dem Gericht der ersten Instanz aus. Er entscheidet, ob Rat und Kommission rechtmäßig handeln und ist befugt, die verbindlichen Rechtsakte dieser Organe für nichtig zu erklären.

Der Rat der Europäischen Gemeinschaft (Ministerrat) setzt sich aus Fachministern der zwölf Mitgliedstaaten zusammen. Der Ministerrat ist das politische Entscheidungsorgan der EG, das die Leitlinien der Gemeinschaftspolitik festlegt, sofern diese nicht vom Europäischen Rat bestimmt werden. Die Richtlinien, Entscheidungen und Verordnungen werden von dem Rat unter Mitarbeit des Europäischen Parlaments erlassen. Für die Verwirklichung aller Beschlüsse des Binnenmarktes sind Abstimmungen mit qualifizierter Mehrheit vorgesehen (vgl. Ettl & Teske, 1994).

Durch sich überlappende Kompetenzbereiche und Mitbestimmungsrechte der Institutionen bei den Angelegenheiten des gemeinsamen wirtschaftlichen und politischen Raums wird in der europäischen Gemeinschaft demokratische Kontrolle ausgeübt.

Die Gemeinsamkeiten und Unterschiede

Europa hat in den 60er und 70er Jahren als nachahmenswertes Beispiel für südliche Koalitionen gegolten, in erster Linie hierbei die EU als erfolgreichstes Integrationsprojekt außerhalb Lateinamerikas. Zwischen den europäischen und lateinamerikanischen Integrationsmodellen lassen sich folgende Gemeinsamkeiten feststellen:

Sowohl EU als auch MERCOSUR bei ihrer Gründungsphase in der Nachkriegszeit zielten auf die Stärkung der industriellen Wettbewerbsfähigkeit gegenüber den USA und Japan ab. Die Beendigung des Ost- West- Konflikts hat die Erweiterungspolitik der beiden Integrationsprojekte entscheidend beeinflusst. Die Liberalisierung der Handels- und Investitionsmärkte im lateinamerikanischen Raum und wirtschaftspolitische Transformation in Europa gingen mit der Aufstellung der neuen Machtverhältnisse auf dem Weltmarktniveau einher und haben die ersten Schritte zur regionalen Integration ermöglicht.

In den beiden Wirtschaftsblöcken hat man politische und soziale Sicherheit, Stabilisierung der Wirtschaft und Handelsliberalisierung als Hauptziele angestrebt. Das Integrationsprojekt führte in beiden Fällen zur Verbesserung der zwischenstaatlichen Beziehungen: zwischen Deutschland und Frankreich in Europa, die traditionell im Konkurrenzverhältnis standen und zwischen Brasilien und Argentinien im MERCOSUR, die sich historisch in einer Konfliktsituation befanden.

Sowie europäische als auch lateinamerikanische Integration hatten einen graduellen Verlauf, der auf den wichtigsten aufeinander folgenden Integrationsstadien basiert. Solche Stadien der regionalen Integration, wie Freihandelszone, Zollunion, Binnenmarkt usw. stoßen in der EU auf die dreifache Organisationsstruktur, die EGKS, EWG und Euratom impliziert. Im MERCOSUR erfolgte der bilaterale Integrationsprozess indem sich die Länder nach dem Prinzip des Gradualismus, der Flexibilität sowie des Gleichgewichts an den Verbund angeschlossen haben.

Die weitere Gemeinsamkeit zwischen EU und MERCOSUR besteht daran, dass die beiden Verbünde die graduelle Entwicklung eines gemeinschaftlichen Rechtsbestands aufweisen. Der besteht aus den Gründungsverträgen, deren darauf folgenden Reformen und den rechtlich verbindlichen Beschlüssen der wichtigsten Entscheidungsorgane.

Im Prozess der Integration hat sich jedoch erwiesen, dass das europäische Integrationsmodell nicht ohne weiteres auf die südlichen Länder übertragen werden kann. Aufgrund der unterschiedlichen politischen Kontexte und wirtschaftlichen Potentiale haben sich in der Aufbaustruktur der EU und dem MERCOSUR bedeutende Differenzen ergeben, die unter anderem für die zukünftigen Beziehungen zwischen diesen Wirtschaftsblöcken eine besondere Rolle spielen dürften.

Als erstes unterscheiden sich die beiden Integrationsprozesse durch den Aufbau der institutionellen Organisationsstrukturen. Die wichtigsten Entscheidungsorgane der Europäischen Gemeinschaft wurden im Gründungsvertrag festgelegt, wobei die MERCOSUR-Organe zum Teil bereits während der ersten Kooperationsphase zwischen Argentinien und Brasilien eingeführt wurden (vgl. Vera-Fluixá, 2000).

Weiterhin, die Erweiterungspolitik der Europäischen Union basiert auf der Durchführung der Vorbereitungs- und Anpassungsphasen durch die Beitrittskandidaten. Jedes Bewerbungsland für die europäische Gemeinschaft muss entsprechendes wirtschaftliches Niveau nachweisen und die offiziellen Aufnahmekriterien erfüllen, die beim Europäischen Rat im Juni 1993 in Kopenhagen formuliert wurden (die „Kopenhagener Kriterien'') Diese implizieren solche politischen und wirtschaftlichen Eigenschaften wie stabile Institutionen zur Wahrung der demokratischen und rechtsstaatlichen Ordnung, eine funktionsfähige Marktwirtschaft, die dem Wettbewerbsdruck innerhalb der Union standhalten kann, sowie die Wahrung und den Schutz von Menschen- und Minderheitenrechten.

Die Entwicklungspolitik des MERCOSUR dagegen orientiert sich an den allgemeinen Richtlinien der ALADI, wobei die Erweiterung der Freihandelszone durch die Kooperationsabkommen zwischen den Mitgliedsländern zustande kommt.

Der wichtigste Unterschied zwischen dem MERCOSUR und der EU besteht in den Kompetenzbereichen der beiden institutionellen Strukturen. Das institutionelle Gefüge der EU besteht aus intergouvernementalen Organen (Rat der Europäischen Union, Ministerrat), die die Interessen der Mitgliedsstaaten vertreten und aus supranationalen Organen (Europäische Kommission), welche für die Wahrung der Interessen der gesamten Ländergemeinschaft sorgen. Die Entscheidungs- und Aufführungsstruktur des MERCOSUR basieren dagegen ausschließlich auf dem intergouvernementalen Prinzip. Somit ist MERCOSUR viel stärker an die Gesetzte des Weltmarktes gebunden, während die EU auf die eigenen Handelsabkommen und verbindlichen Regelungen stößt.

Es gibt außerdem zwei wichtige Dimensionen, wo die EU im Vergleich zu MERCOSUR einen höheren Integrationsgrad erreicht hat:

In der EU hat die Erschaffung des gemeinsamen Währungssystems zur Stärkung der europäischen Position in der Währungskonkurrenz auf den internationalen Finanzmärkten beigetragen. Jedoch für MERCOSUR bleibt die Frage über die Währungsautonomie auch heutzutage offen. Dies bedingt die Abhängigkeit des MERCOSUR von dem Wechselkurs des US$, während die EU in der Hinsicht als selbständiges Integrationsmodell auftritt.

Nach Joachim Becker sind die außenwirtschaftlichen Beziehungen in Lateinamerika überwiegend auf die Metropolen gerichtet, wobei die materielle Grundlage für ein politisches Integrationsprojekt eher schwach ist. Dadurch werden die Widersprüche zwischen der geographischen Ausrichtung der Außenwirtschaftsbeziehungen und der geographischen Blockbildung bedingt, die die Anpassung der territorialen politischen Regulierungen an den ökonomischen Raum im lateinamerikanischen Wirtschaftsblock problematisch machen. Die EU kann sich dagegen auf die stabilen intraregionalen Wirtschaftsbeziehungen stützen, was die internationale Konkurrenzfähigkeit und die politische Verhandlungsmacht positiv beeinflusst (vgl. Becker, 1998).

Fazit

In der Gründungsphase des MERCOSUR wurde die Europäische Union als Nachahmungsmodell für den lateinamerikanischen Wirtschaftsblock betrachtet. Jedoch die Vereinigungsmaßnahmen, die in Europa im Rahmen der regionalen Integration getroffen wurden, konnten nicht nach dem gleichen Schema in Lateinamerika durchgeführt werden. Die unterschiedlichen politischen und sozialen Kontexte in Europa und Lateinamerika forderten eigene Integrationswege für MERCOSUR. Bei den ähnlichen Zielsetzungen wurden in den beiden Integrationsprojekten unterschiedliche Methoden eingesetzt.

Im Laufe des graduellen Zusammenschlusses zu einem Wirtschaftsblock haben sich die lateinamerikanischen Mitgliedsstaaten nach dem intergouvernementalen Prinzip vereinigt, wobei die Mitgliedsstaaten ihre politische Autonomie beibehalten haben. Somit kann MERCOSUR als Verbund der separaten Wirtschaftsakteure mit dem gemeinsamen Außenzoll bezeichnet werden. Die Vertiefung der Integration kann in der Zukunft durch die schrittweise Angleichung des wirtschaftlichen Niveaus der beteiligten Länder sowie durch die weitere Konsolidierung im gemeinsamen Wirtschaftsraum ermöglicht werden.

Die EU impliziert sowohl intergouvernementale als auch supranationale institutionelle Gefüge und befindet sich auf einer höheren Stufe der regionalen Integration. Gemeinsames Währungssystem, die vorhandenen supranationalen Organe und Beitritt immer neuer Länder in die EG kennzeichnen die erfolgreiche Entwicklung des Integrationsmodells im europäischen Raum.

Abschließend lässt sich sagen, dass die EU als Nachahmungsmodell für den lateinamerikanischen Verbund nur noch in der Gründungsphase eine bedeutende Rolle spielen durfte und dass die regionale Integration in MERCOSUR aufgrund der spezifischen politischen, wirtschaftlichen und geographischen Bedingungen sich nach einem eigenen, von Europa unterschiedenen Muster entwickelt hat.

Literaturverzeichnis

BECKER, JOACHIM: Regionale Integration und Regulation: EU und Mercosur im Vergleich. SRE- Diskussion 62, 1998.

Berggreen-Merkel, Ingeborg/ Höfer, Frank: Europäische Union. München: Bayerische Verwaltungsschule 2003 , 1 Auflage.

CLEMENT, RAINER: Grundlagen, Weiterentwicklungen und Problemfelder der ökonomischen Integrationstheorie. Arbeitspapiere des Fachbereichs Wirtschaftswissenschaft der Bergischen Universität- Gesamthochschule Wuppertal, Nr 16. Wuppertal 1988.

El-SHAGI, EL-SHAGI: Strategie der wirtschaftlichen Integration. Volkswirtschaftliche Schriften, Heft 298. Berlin: Duncker & Humboldt 1980.

Ettl, Günther/ Teske, Horst/ Weiler, Heinrich: EU-ABC-Lexikon für Wirtschaft, Recht Steuern Finanzen, Institutionen. Bonn: Economica Verlag 1994.

Fischer, Thomas: MERCOSUR- Eine Zwischenbilanz. In: Bendel, P./ Fischer, T. (Hrsg.): Wie erfolgreich ist der MERCOSUR? Das südamerikanische Bündnis aus interdisziplinärer Sicht. Saarbrücken: Verlag für Entwicklungspolitik Saarbrücken GmbH 1999.

KORTHOFF, Andrea: Die EU und der Mercosur. Wege einer neuen Partnerschaft?. Marburg: Tectum 2005.

Kühnhardt, Ludger: The Global Proliferation of Regional Integration European Experience and Worldwide Trends. ZEI Diskussionspapiere 2000, C 136.

Salgado, Germánico: Die Integration Lateinamerikas und ihre Bedeutung für die Wirtschaftsbeziehungen mit Westeuropa. In: Petersen, Hans J. (Hrsg.): Die Beziehungen zwischen der Europäischen Gemeinschaft und Lateinamerika. Bestandsaufnahme und Perspektiven. Schriftenreihe des Arbeitskreises Europäische Integration e.V. Band 16. Baden-Baden: Nomos Verlagsgesellschaft 1983.

Sangmeister, Hartmut: MERCOSUR- Ein erfolgreiches Integrationsprojekt im Cono Sur? In: Bendel, P./ Fischer, T. (Hrsg.): Wie erfolgreich ist der MERCOSUR? Das südamerikanische Bündnis aus interdisziplinärer Sicht. Saarbrücken: Verlag für Entwicklungspolitik Saarbrücken GmbH 1999.

Vera-Fluixa, Ramiro Xavier: Regionalbildungsansätze in Lateinamerika und ihr Vergleich mit der Europäischen Union. ZEI Diskussionspapiere 2000, C 73.

Wenzel, MATIASKE: The European Union as a model for the development of Mercosur? Transnational orders between economical efficiency and political legitimacy. München: Rainer Hampp Verlag 2007.

Wionczek, Miguel S.: Die Beziehungen zwischen der EG und Lateinamerika und die globale Wirtschaftskrise. In: Petersen, Hans J. (Hrsg.): Die Beziehungen zwischen der Europäischen Gemeinschaft und Lateinamerika. Bestandsaufnahme und Perspektiven. Schriftenreihe des Arbeitskreises Europäische Integration e.V. Band 16. Baden-Baden: Nomos Verlagsgesellschaft 1983.

Internetquellen:

http://europa.eu/abc/12lessons/lesson_2/index_de.htm
(Downloaded am 5.01.08)

http://www.dadalos-d.org/europa/images/eu-institutionen_1a.png
(Downloaded am 8.01.08)

http://iir-hp.wu-wien.ac.at/sre-disc/sre-disc62.pdf (Downloaded am 22.02.08)

Sebastian Streich: Die südostasiatische Staatengemeinschaft ASEAN. Ein Überblick und aktuelle Entwicklungen

2005

Einleitende Betrachtung

Im Rahmen dieser Arbeit zur Entwicklungsökonomik soll die südostasiatische Staatengemeinschaft ASEAN näher betrachtet werden. Sie hatte sich zum Zeitpunkt ihrer Gründung 1967 der Förderung des wirtschaftlichen Wachstums, des sozialen Fortschritts und der kulturellen Entwicklung ihrer Mitgliedsstaaten verschrieben. Die aus mittlerweile zehn Staaten bestehende Gemeinschaft hat in der Vergangenheit durch euphorische Jahre des Wirtschaftsbooms, aber auch durch die Asienkrise 1997 für Aufsehen in der westlichen Welt gesorgt. So wurden immer wieder Diskussionen um das Entwicklungsmodell der ASEAN ausgelöst und heiß diskutiert.

In diesem Sinne gestaltet sich der Aufbau der Arbeit wie folgt: Im folgenden Kapitel wird erläutert, wer und was die ASEAN ist. Dazu werden kurze Ausführungen zu ihrer Geschichte, zu ihren Mitgliedstaaten sowie zur Organisation der ASEAN dargeboten. Da ein Ziel der ASEAN in der Förderung des wirtschaftlichen Wachstums liegt, wird im dritten Kapitel ein Überblick über die wichtigsten Entwicklungstheorien des Außenhandels und des Wachstums gegeben. Es sollen dabei die Ursachen des Außenhandels erklärt und seine möglichen Folgen aufgezeigt werden. Ziel des Theorieteils – der zugegebenermaßen etwas herausgelöst aus der Arbeit wirkt – soll ein besseres Verständnis darüber sein, weshalb sich die ASEAN so im Bereich Außenhandel engagiert. Die Kapitel „Handel und Handelsabkommen" und „Aktuelle Entwicklungen und Ausblick" werden sich dann ausschließlich mit dem Handel sowie den aktuellen Entwicklungen der ASEAN befassen.

Die ASEAN

Einleitung

Die *Association of Southeast Asian Nations (ASEAN)* kann allgemein als ein Verband südostasiatischer Staaten zum Zwecke der Förderung des wirtschaftlichen Wachstums, des sozialen Fortschritts und der kulturellen Entwicklung der Mitgliedsstaaten umrissen werden. Dabei steht die Verbesserung der regionalen Zusammenarbeit im Vordergrund. Die Entwicklung der Region sollte durch die Gründung der ASEAN auf eine Basis friedlicher Koexistenz und gegenseitiger Achtung gestellt werden. Die Möglichkeit der Bildung einer politischen Allianz wurde damals bewusst offen gehalten. Die Vereinigung wurde am 08. August 1967 von den Ländern Thailand, Malaysia, Indonesien, Philippinen und Singapur durch Unterzeichnung einer gemeinsamen Deklaration in Bangkok ins Leben gerufen. Weitere Staaten traten dem Bündnis im Laufe der Zeit bei. So wurden 1984 Brunei, 1995 Vietnam, 1997 Laos und Myanmar (das frühere Birma) und 1999 Kambodscha – als zehnter Staat – in das Bündnis aufgenommen. [207]

Das Fundament der regionalen Zusammenarbeit bildet ein Kodex aus Verhaltens- und Verfahrensnormen. Dieser besteht aus Verhaltensnormen des Völkerrechts wie der Unverletzbarkeit der territorialen Integrität, dem Verzicht auf die Anwendung oder Androhung von Gewalt, das Gebot der Nichteinmischung in die Innenpolitik anderer Staaten und dem Grundsatz der friedlichen Konfliktbeilegung. Ergänzt wird der Kodex durch Verfahrensnormen, die eine auf Informalität, persönlichen Kontakten, Rücksichtnahme, Nichtkonfrontation und Harmoniestreben beruhende Außenpolitik vorschrieben. [208]

Die Geschichte der ASEAN

An dieser Stelle sollen die wichtigsten geschichtlichen Eckpunkte der ASEAN kurz umrissen werden. Hintergrund des Zusammenschlusses der ASEAN war das Ende der kolonialen Epoche nach der Kapitulation Japans 1945. Der Abzug der Kolonialherren, die einerseits für ein Mindestmaß an Stabilität sorgten, andererseits aber die politischen und wirtschaftlichen Aktivitäten der Länder Südostasiens unterbanden, hinterließ zunächst ein Machtvakuum. So existierte

---

207 Vgl. Busse, N.: (Identitäten), S.11

208 Vgl. Busse, N.: (Identitäten), S.12

nach dem zweiten Weltkrieg kein gemeinsames Fundament für gemeinschaftliches Handeln oder gar eine gemeinsame Identität in Südostasien.

1967 wurde schließlich die ASEAN gegründet. Nicht zuletzt aufgrund der Gefahr einer weiteren Ausdehnung des kommunistischen Einflussbereiches (China und Vietnam).[209] 1971 gründete die ASEAN eine Zone des Friedens, der Freiheit und der Neutralität (ZOPFAN).[210] Nach dem Bali-I-Gipfel 1976 wurde das *ASEAN Secretariat* eingerichtet. Im gleichen Jahr wurde der Vertrag über Freundschaft und Zusammenarbeit (*Treaty of Amity and Co-operation, TAC*) geschlossen, ein Verhaltenskodex, welcher Stabilität und Frieden in der Region garantieren und die Gefährdung wirtschaftlichen Wohlstands und Wachstums verhindern soll.[211] 1995 entstand ein Vertrag mit allen südostasiatischen Staaten, in dem man eine südostasiatische atomwaffenfreie Zone (SEANWFZ) festschrieb.[212] Mitte 1997 bekam die ASEAN die Wucht der Asienkrise, einer schweren Finanz- und Wirtschaftskrise zu spüren. Das südostasiatische Entwicklungsmodell der ASEAN, welches den liberalisierten Handel mit ebenfalls liberalisierten Finanzmarktinstitutionen sowie eine weitgehend privat organisierte Ökonomie mit politischer Stabilität vorsah, wurde in Frage gestellt.[213] Die zu positive Einschätzung internationaler Finanzinvestoren bezüglich der Wachstumsperspektiven und der Stabilität der Wechselkurse in Südostasien holte die ASEAN ein. Die Krise bewog die Gemeinschaft schließlich dazu, die für ursprünglich 2008 geplante ASEAN Free Trade Area (AFTA) schon im Jahre 2002 umzusetzen.[214]

Die Mitgliedsstaaten – ein kurzer Überblick

An dieser Stelle soll kurz ein Überblick über die Mitgliedsländer gegeben werden, um so zu verdeutlichen, welche Positionen die Staaten z.B. bezüglich

---

209 Vgl. Freistein, K.: (Die Vision einer ASEAN-Gemeinschaft), S. 5, im Internet: URL: http://www.hsfk.de/downloads/report0204.pdf

210 Vgl. ASEAN Secretariat: im Internet: URL: http://www.aseansec.org/1647.htm

211 Vgl. ASEAN Secretariat: im Internet: URL: http://www.aseansec.org/92.htm

212 Vgl. ASEAN Secretariat: im Internet: URL: http://www.aseansec.org/92.htm

213 Vgl. Singer, O. / Lindner H. S.: (Nach der Finanzkrise in Asien), im Internet: URL: http://www.oeko-net.de/kommune/kommune6-99/TSINGER6.html

214 Bezüglich der aktuellen Entwicklungen in der ASEAN-Gemeinschaft sei an dieser Stelle auf die Kapitel 4 und 5 verwiesen.

ihrer Wirtschaftskraft einnehmen. In der folgenden Tabelle[215] sind die wichtigsten Strukturdaten der Länder kurz zusammengefasst.

Staat	Fläche in 1000 km²	Einwohner in Mio. (2002)	Bevölkerungsdichte (Einw. je km²)	Bevölkerungswachstum in %	BIP (2003) in Mrd. US Dollar	BIP pro Kopf (2003) in US Dollar	Reales BIP-Wachstum (2003), in %
Brunei	5,77	0,35	61	2,3	4,8	13.536	3,20%
Indonesien	1.913,00	214,8	111	1,3	252,3	1.174	4,10%
Kambodscha	181,04	13,8	69	2,9	4,5	315	5,80%
Laos	236,8	5,679	23	2,5	2,33	402	6,50%
Malaysia	329,73	25,3	74	3,3	103,16	4.074	5,20%
Myanmar*	676,55	51,0	72	1,3	ca. 12	ca. 240	**12,0%
Philippinen	300	79,94	267	2,3	92,718	1.101	6,15%
Singapur	0,68	4,18	6.099	1,1	101,56	24.260	1,00%
Thailand	513,12	63,08	120	0,8	143,2	2.190	6,80%
Vietnam	331,11	81,43	243	1,4	40,576	498	7,24%

*BIP-Daten Berichtszeitraum 2002/2003; ** realistische Schätzung: 4%

Abbildung 1: Die organisatorische Struktur der ASEAN [216]

215 Vgl. zu den folgenden Ausführungen Anhang, Abbildung 2: ASEAN-Staaten: Agrar-, Bergbau- und Industriesektoren

216 Quelle: Auswärtiges Amt: im Internet: URL: http://www.auswaertiges-amt.de/www/de/laenderinfos/

Wie wir aus *Abbildung 1* entnehmen können, ist Indonesien das größte und auch bevölkerungsreichste Land, gefolgt von den Philippinen und Vietnam. Betrachtet man die einzelnen Länder nach ihren Wirtschaftssektoren so stellen sich auch dort – gemessen am Prozentsatz des erwirtschafteten Bruttoinlandsprodukts in den einzelnen Sektoren – große Unterschiede heraus. Während Brunei, Indonesien, Malaysia, Singapur und Thailand nur noch einen geringen Anteil ihres BIP aus dem Primärsektor Landwirtschaft erwirtschaften und hohe Anteile am BIP aus dem Industrie- und Dienstleistungssektor stammen, dreht sich das Verhältnis besonders bei Kambodscha, Laos und Myanmar um. Dort spielt die Landwirtschaft noch eine sehr große Rolle, was entwicklungsökonomisch Rückschlüsse auf den Industrialisierungsgrad der Länder zulässt.

Interessant scheint hier die Betrachtung des BIP pro Kopf. Während beispielsweise der kambodschanische Bürger in 2003 durchschnittlich ein BIP von 315 US-Dollar erwirtschaften konnte, so gelang es seinem südostasiatischen Kollegen aus Singapur das über *siebenundsiebzigfache* (24.260 US-Dollar) „einzufahren". Die wirtschaftliche Leistungsfähigkeit der Staaten ist also als sehr unterschiedlich einzuschätzen. Trotzdem weisen alle Länder (bis auf Singapur) in 2003 hohe Wachstumsraten des BIP auf, was auf eine wirtschaftlich rasche Entwicklung deutet. Insgesamt lässt sich jedoch eine Unterteilung in wirtschaftlich teilweise sehr fortschrittliche Staaten, die ASEAN-6 (Brunei, Indonesien, Malaysia, Philippinen, Singapur und Thailand) und Nachzügler, die CLMV-Staaten (Kambodscha, Laos, Myanmar und Vietnam) feststellen. Dies mag auch an der sehr heterogenen Landschaft der politischen Systeme liegen. Wir erblicken Systeme auf dem Weg zur Demokratie (Thailand, Indonesien, die Philippinen, in geringerem Maße Kambodscha), sog. „weiche autoritäre" Systeme (Singapur, Malaysia), kommunistische Staaten (Vietnam, Laos), ein Militärregime (Myanmar) und eine Monarchie (Brunei).

Die ASEAN-Organisation

Die ASEAN-Organisation ist, wie bereits in der Einleitung erwähnt eine Interessengemeinschaft, die den Mitgliedsstaaten als Forum und Instrument dient. Ziel ist eine Harmonisierung im Interesse eines größtmöglichen Nutzens der Einzelstaaten. Nach außen hin harmonisiert die ASEAN die Außen- und

Außenwirtschaftspolitiken, nach innen die Staatsführungen und deren Interessen, um den Bestand der Staaten und Regierungen zu sichern.[217]

Generell trifft die ASEAN Entscheidungen auf Basis von Konsenslösungen[218] die aus den Beratungen hervorgehen. So greift die Organisation nicht direkt in den Entwicklungsprozess bzw. die Angelegenheiten der einzelnen Länder ein, sondern versucht die notwendigen Rahmenbedingungen, wie die regionale und internationale Stabilitäts- und Friedenssicherung, zu gewährleisten. Demnach existiert auch kein gemeinsames Entwicklungskonzept der Länder, wie etwa in der Europäischen Union. Viel eher sind die Entwicklungsbemühungen als Ergebnis nationalstaatlicher Politik und regional geschaffener Rahmenbedingungen zu interpretieren.[219]

Das höchste Gremium der ASEAN ist die jährlich stattfindende Gipfelkonferenz der Staats- und Regierungschefs (der sog. *ASEAN Summit*). Hier wird vor allem über programmatische Grundsatzentscheidungen debattiert. Diesem gehen Treffen, die so genannten „*Joint Ministerial Meetings*" der Außen- und Wirtschaftsminister voraus. Die folgende Abbildung[220] zeigt grob die Organisationsstruktur der ASEAN:

---

217 Vgl. Stahr, Volker S.: (Die ASEAN), S. 250

218 Das bedeutet auf Grundlage von Einstimmigkeits- nicht auf Mehrheitsentscheidungen.

219 Vgl. Gardill, J.: (Faktoren des Entwicklungsprozesses), S. 141

220 Quelle: in modifizierter Form übernommen von ASEAN Secretariat: im Internet: URL: http://www.aseansec.org/13103.htm

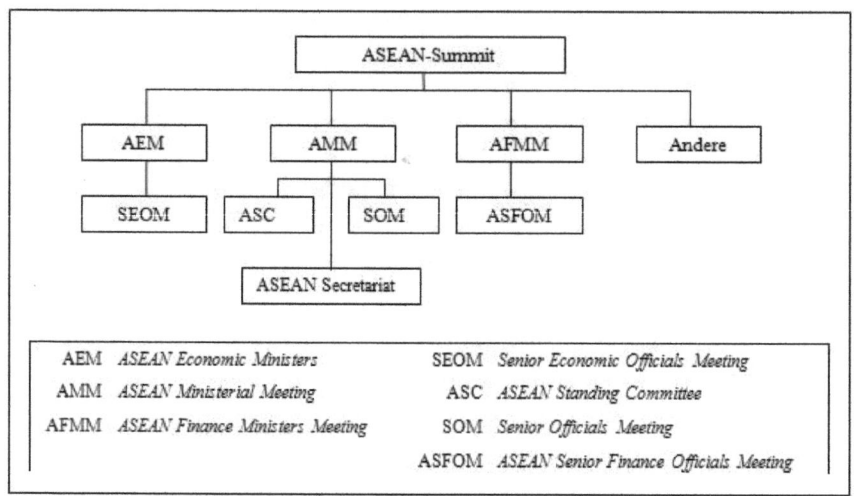

Abbildung 2: Die organisatorische Struktur der ASEAN[221]

Das *ASEAN Standing Committee* (ASC), welches unter der Führung des Außenministers des vorsitzenden Landes steht, koordiniert die Arbeit zwischen den *ASEAN Ministerial Meetings* (AMM). Die AMM wiederum setzen sich aus einer Vielzahl von weiteren Treffen der jeweiligen Ressortminister der ASEAN-Staaten zusammen, die unter anderem die Bereiche Landwirtschaft, Handel, Energie, Wissenschaft, Technologie, Finanzen, Verkehr, Umwelt, Kultur, Sozialpolitik und Drogenpolitik umfassen. Dabei werden Richtlinien der Politik bestimmt und die verschiedenen Tätigkeiten der ASEAN aufeinander abgestimmt. Der Vorsitz der ASEAN Summits, des ASC und der AMM und weiterer Gremien wechselt jährlich in alphabetischer Reihenfolge zwischen den Mitgliedsstaaten. Das *ASEAN Secretariat* in Jakarta (Indonesien) – als wichtigstes Organ der ASEAN – untersteht dem ASEAN Generalsekretär. Er erstattet Bericht an das ASC und – falls einberufen – an Außenministertreffen. Das insgesamt ca. 230 Mitarbeiter umfassende ASEAN Secretariat initiiert und koordiniert Aktivitäten innerhalb der ASEAN, setzt diese um und führt zusätzlich eine beratende Funktion aus, indem es Empfehlungen ausspricht. Daneben existiert eine Vielzahl weiterer Komitees. Die wichtigsten sind in der Abbildung enthalten, sollen aber im Rahmen dieser Arbeit nicht näher erläutert werden. Insgesamt unterstützen 29 Komitees und 122 Arbeitsgruppen die Arbeit

---

221 Quelle: in modifizierter Form übernommen von ASEAN Secretariat: im Internet: URL: http://www.aseansec.org/13103.htm

der ASEAN. Des Weiteren unterhält die Organisation – durch Vertreter seiner Mitgliedsstaaten – enge diplomatische Beziehungen zu seinen elf Dialogpartnern, darunter besonders wichtig die USA, das Entwicklungsprogramm der Vereinten Nationen sowie die EU.[222]

---

222 Vgl. ASEAN Secretariat: im Internet: http://www.aseansec.org/13103.htm; Die restlichen acht Dialog-Partner sind Australien, Kanada, China, Indien, Japan, Neuseeland, Südkorea und Russland.

Grundlagen der Entwicklungstheorie

Einleitung

Ein Ziel der ASEAN ist die wirtschaftliche Zusammenarbeit der Mitgliedsstaaten, sprich der Handel der Länder untereinander als auch mit dem Rest der Welt. Deshalb werden im Folgenden verschiedene theoretische Aspekte des Außenhandels und des Wachstums kurz angesprochen, um Ursachen für Außenhandel zu erklären und deren Folgen aufzuzeigen.[223] Es soll somit eine theoretische Fundierung für die Außenhandelsaktivitäten der ASEAN gegeben werden.

Ricardo: Arbeitsproduktivität und komparativer Kostenvorteil

Die Theorie des komparativen Kostenvorteils wurde 1817 von DAVID RICARDO (1772-1823) in seinem Werk „The Principles of Political Economy" in Anknüpfung an ADAM SMITH (1723-1790) in die Theorie des internationalen Handels eingeführt.[224] Sie dient noch heute als elementare Grundlage für die in der Wissenschaft dominierenden Theorien des internationalen Handels.[225] Im Folgenden soll sie anhand des Ricardo-Modells näher betrachtet werden. Es beschreibt, wie Unterschiede zwischen Ländern zu Außenhandel und zu Außenhandelsgewinnen führen.

Das Modell geht dabei von einem 2-Länder-Fall aus, für den angenommen wird, dass jedes Land lediglich zwei Güter produziert. Es existiert nur ein Produktionsfaktor Arbeit, welcher national (zwischen den Sektoren) mobil, international jedoch immobil ist. Transportkosten, Zölle sowie Steuern bleiben unberücksichtigt. Die Länder sollen sich lediglich in der Arbeitsproduktivität, also in den Technologien der einzelnen Sektoren unterscheiden.[226]

---

223 Auf eine analytische Herleitung der Ergebnisse wird im Rahmen dieser Arbeit verzichtet, sodass nur die Modelle mit ihren Annahmen kurz dargestellt und die Effekte aufgezeigt werden.

224 Adam Smith führte den Begriff des *absoluten Kostenvorteils* in die internationale Handelstheorie ein. Dieser ist als der Produktivitätsvorteil eines Landes bei der Erzeugung eines bestimmten Gutes definiert. Vgl. dazu Liberalismus – Freiheit, Freihandel, Friede: im Internet: URL: http://www.liberalismus.at/Geschichte/index.php?name=ricardo

225 Vgl. Jawad, F.: (Handelsentwicklung), S. 3

226 Vgl. Jawad, F.: (Handelsentwicklung), S. 4, Filsinger, M.: (Gründe und Auswirkungen der Güterströme), S. 12 f.

Das Modell zeigt, dass Länder diejenigen Güter exportieren, die mit ihrer Arbeit relativ effizient hergestellt werden können, und diejenigen importieren, die ihre Arbeit relativ ineffizient herstellt. Dabei bestimmt der *komparative Vorteil* die Produktionsstruktur eines Landes. *Ein Land verfügt bei der Herstellung eines Gutes dann über einen komparativen Vorteil, wenn die Opportunitätskosten für dessen Produktion, ausgedrückt in anderen Gütern, in diesem Land niedriger sind als in anderen Ländern.*[227] Die Außenhandelsgewinne für beide Länder resultieren aus Spezialisierungsgewinnen. Diese entstehen, wenn sich beide Länder auf die Produktion des Gutes spezialisieren, bei dem sie über einen komparativen Vorteil verfügen.[228]

Es gibt zwei Möglichkeiten, den Nutzen von Handel und Spezialisierung (ausgedrückt in Gewinnen) aufzuzeigen. Erstens könnte man den Handel als indirekte Produktion auffassen. Statt der Eigenproduktion kann ein Land ein anderes Gut produzieren und dieses gegen das gewünschte Gut eintauschen. Importiert man ein Gut (bei dessen Produktion man keinen komparativen Vorteil besitzt), wird diese indirekte Produktion weniger Arbeit verursachen als die direkte Produktion des Gutes. Zweitens können beidseitige Außenhandelsgewinne über die Auswirkungen des Handels auf die Konsummöglichkeiten der beiden Länder nachgewiesen werden. Durch Handel werden die Konsummöglichkeiten eines Landes erweitert, was Außenhandelsgewinnen gleichkommt.[229] Kritisch bezüglich des Erklärungsansatzes zum Außenhandel fallen die nicht berücksichtigten Transportkosten auf, die jedoch im Fall des Welthandels eine wichtige Rolle spielen dürften. Schwerwiegender – in Bezug auf die Prognosefähigkeit des Modells für reale Außenhandelsströme – scheint die Kritik, dass die prognostizierte Schlussfolgerung des Modells, nämlich der extreme Spezialisierungsgrad der einzelnen Länder, sich empirisch nicht nachweisen lässt.[230] Trotz des Ausblendens verschiedener Aspekte, kann mit dem Modell hervorragend verdeutlicht werden, wie Außenhandel und Außenhandelsgewinne aufgrund des komparativen Vorteils, welcher aus technologischen Differenzen der Länder resultiert, zustande kommen. So kann gezeigt werden, dass jedes Land, gleichgültig ob Entwicklungsland oder Industrienation, einen Nutzen aus Außenhandel erreichen kann.

---

227 Vgl. Krugman, P. R. / Obstfeld, M.: (Internationale Wirtschaft), S. 39

228 Vgl. Vgl. Jawad, F.: (Handelsentwicklung), S. 3

229 Vgl. Krugman, P. R. / Obstfeld, M.: (Internationale Wirtschaft), S. 49 f.

230 Vgl. Krugman, P. R. / Obstfeld, M.: (Internationale Wirtschaft), S. 64

Heckscher-Ohlin: Ressourcen und Außenhandel

Die so genannte neoklassische Theorie des Außenhandels geht auf die beiden schwedischen Nationalökonomen ELI HECKSCHER (1879-1952) und BERTIL OHLIN (1899-1979) zurück. Im vorigen Modell von RICARDO wurde gezeigt, wie komparative Kostenvorteile durch die unterschiedlichen Produktivitäten der beteiligten Länder entstehen. HECKSCHER veröffentlichte 1919 seinen Aufsatz „The Effects of Foreign Trade on the Distribution of Income", der von seinem Schüler OHLIN 1933 weiterentwickelt wurde. Ergebnis war eine Weiterentwicklung der Theorie des komparativen Vorteils, welche als Faktorproportionen-Theorem oder auch Heckscher-Ohlin-Theorem bezeichnet wird, auf das im Folgenden noch eingegangen wird. Im Rahmen des Modells wird der Handel zwischen Ländern aufgrund der Wechselwirkung zwischen den Ressourcen (relative Faktorausstattungen) eines jeden Landes und dem technologischen Entwicklungsstand (relative Faktorintensitäten der Güter) erklärt.[231] Das Modell geht dabei von folgenden grundlegenden Annahmen aus:[232] Es werden zwei Länder betrachtet. Jedes Land kann zwei Güter mit Hilfe der *Produktionsfaktoren Arbeit und Kapital* herstellen. Die Produktionsfaktoren sind nur begrenzt verfügbar, vollbeschäftigt und national mobil, international jedoch immobil. Die Länder sind sich in jeder Hinsicht ähnlich (identische Produktionstechnologien, identisches relatives Nachfrageverhalten für Gut 1 und Gut 2, gleiche relative Güterpreise vorausgesetzt).[233] Die Produktionsfunktion beider Länder weist konstante Skalenerträge auf und ist substitutional, d.h. die gegebene Technologie schreibt vor, mit welchen Faktorkombinationen (Arbeit und Kapital) der Output produziert werden kann.

Das Faktorproportionen-Theorem

Das Faktorproportionen-Theorem, auch als *Heckscher-Ohlin-Theorem* bekannt, erlaubt eine Aussage über die Produktionsstruktur eines Landes. Es bestimmt am 2-Güter-Fall das Verhältnis der produzierten Mengen von Gut 1 und Gut 2. Dieses Verhältnis entscheidet dann darüber, welches Land welches Gut exportiert oder importiert. Dazu müssen gewisse Eigenschaften bezüglich der Produktionstechnologie und Faktorausstattung eines Landes getroffen werden.

---

231 Vgl. Krugman, P. R. / Obstfeld, M.: (Internationale Wirtschaft), S. 105

232 Vgl. Filsinger, M.: (Gründe und Auswirkungen der Güterströme), S. 24

233 So soll sichergestellt werden, dass die einzige Ursache für Auswirkungen auf den Handel die unterschiedlichen Faktorausstattungen der Länder sind. Vgl. Krugman, P. R. / Obstfeld, M.: (Internationale Wirtschaft), S. 115

Die *Faktorintensität* stellt die relevante Eigenschaft bezüglich der Produktionstechnologie dar, die als das Verhältnis von eingesetzter Kapitalmenge zu eingesetzter Arbeitsmenge definiert ist. Die relevante Eigenschaft im Hinblick auf die Faktorausstattung ist der *Kapitalreichtum.* Kapitalreichtum eines Landes kann durch das Verhältnis der gegebenen Faktorausstattungen Arbeit und Kapital gemessen werden. *Das Theorem besagt, dass ein Land einen komparativen Kostenvorteil aufweist, wenn es das Gut exportiert, welches den relativ reichlich vorhandenen Produktionsfaktor relativ intensiv nutzt.*[234] Im Folgenden soll das Theorem anhand eines Beispiels verdeutlicht werden.[235] In unserem Beispiel werden die beiden Länder als Inland und Ausland definiert. Inland soll das relativ arbeitsreichere Land im Vergleich zu Ausland sein. Die Produktion von Gut 1 ist relativ arbeitsintensiver als die Produktion von Gut 2, da (bei identischen Löhnen und Faktorpreisen) die für die Produktion von Gut 1 mehr Arbeit pro Kapitaleinheit eingesetzt wird als bei der Produktion von Gut 2. Indessen ist Ausland das kapitalreichere Land. Die Produktion von Gut 2 ist im Vergleich zur Produktion von Gut 1 relativ kapitalintensiver, da (wiederum unter der Bedingung identischer Löhne und Faktorpreise) bei der Produktion von Gut 2 mehr Kapital pro Arbeitseinheit eingesetzt wird, als bei der Produktion von Gut 1.

Es erfolgt somit eine Unterteilung – bedingt durch die Faktorausstattungen – in arbeitsreiche und kapitalreiche Länder, bezüglich der Sektoren in die arbeitsintensive Produktion von Gut 1 und die kapitalintensive Produktion von Gut 2, bedingt durch die Faktorintensitäten.

Gemäß dem Theorem wird Inland einen komparativen Kostenvorteil in der arbeitsintensiven Produktion von Gut 1, Ausland in der kapitalintensiven Produktion von Gut 2 aufweisen. Dies führt dazu, dass Inland das relativ arbeitsintensive Gut 1 exportieren und Gut 2 importieren wird, da die Produktion von Gut 1 faktorintensiv in Bezug auf den relativ reichlich vorhandenen Produktionsfaktor Arbeit ist. Analog wird Ausland das Gut 2 exportieren und Gut 1 importieren.

Deutlich wird diese Aussage, wenn man die Situation der Länder vor Handel und nach Handel vergleicht. Vor Handel wird Inland bedingt durch die relativ höhere Faktorausstattung Arbeit einen relativ niedrigeren Lohn aufweisen,

---

234 „Reichlich vorhanden" bezieht sich auf Kapitalreichtum und „relativ reichlich" auf die Faktorintensität.

235 In Anlehnung an Filsinger, M.: (Gründe und Auswirkungen der Güterströme), S. 20 f.

woraus sich relativ niedrigere Produktionskosten bei der Herstellung des arbeitsintensiven Gutes 1 ergeben.

Durch die identischen Präferenzen (siehe Annahmen Punkt 3) der beiden Länder drückt sich der relative Arbeitsreichtum des Inlands in einem niedrigen Autarkie-Lohnzinsverhältnis aus. Der relative Kapitalreichtum des Auslands hingegen durch ein höheres Lohnzinsverhältnis. Der Autarkiepreis des kapitalintensiven Gutes 2 ist im Inland also höher als im Ausland. Daher hat das Ausland einen komparativen Kostenvorteil bei der Produktion von Gut 2. Der relative Autarkiepreis des arbeitsintensiven Gutes 1 ist im Ausland höher als im Inland, weshalb Inland einen komparativen Kostenvorteil bei der Produktion von Gut 1 aufweist. Der komparative Vorteil kommt somit allein durch die unterschiedlichen Faktorausstattungen der Länder zustande.

Das Faktorpreisausgleichstheorem

Nachdem Handel im vorangegangenen Heckscher-Ohlin-Theorem aufgrund unterschiedlicher Faktorausstattungen erklärt werden konnte, widmet sich dieses Theorem – als eine weitere grundlegende Aussage des Heckscher-Ohlin-Modells – den Folgen des Handels. Freihandel führt danach zu einer (teilweisen) Angleichung der Faktorpreise zwischen den Handelspartnern.[236]

Die Überlegung ist folgende[237]: Tauschen die beiden Länder ihre Güter, so liegt der Preis eines Gutes zwischen den Autarkiepreisen der beiden Länder. Da in beiden Ländern identische Technologien eingesetzt werden, und unter der Annahme, dass jedes Land *beide* Güter herstellt, wird bei Freihandel völliger Güterpreisausgleich in beiden Ländern erreicht, d.h. die Güterpreise der Handelspartner sind identisch. Somit besteht die Tendenz, dass sich auch die Faktorpreise in beiden Länder ausgleichen werden. Der gemeinsame Preis des jeweiligen Gutes entspricht den relativen Kosten des Gutes in beiden Ländern. Dies impliziert identische Lohnzinsverhältnisse der Handelspartner. Aufgrund gleicher relativer Faktorpreise müssen sich auch die absoluten Faktorpreise entsprechen. Im Ergebnis führt das Faktorpreisausgleichstheorem bei Handel also zu einer Konvergenz auf Lohn- und Kapitalzinsebene der Länder. Selbst bei völliger Faktorimmobilität wird eine Angleichung der Löhne und Zinsen in den Regionen hervortreten. So kann Freihandel als vollkommener Ersatz für internationale Faktormobilität betrachtet werden.

---

236 Vgl. Filsinger, M.: (Gründe und Auswirkungen der Güterströme), S. 21

237 In Anlehnung an Filsinger, M.: (Gründe und Auswirkungen der Güterströme), S. 21 f.

Exkurs: Leontief – Das Neo-Faktorproportionen-Theorem

WASSILY LEONTIEF (1906-1999) wies 1953 in empirischen Tests das Gegenteil des Heckscher-Ohlin-Theorem nach. Er zeigte am Beispiel der USA, dass das Theorem in der Realität nicht zutrifft. So stellte er fest, eine erneute und verbesserte Untersuchung mittels der Input-Output-Analyse untermauerte dies 1956, dass die USA im Widerspruch zum Theorem arbeitsintensive Güter exportiert und kapitalintensive Güter importiert.[238]

Eine Lösung dieses Problems gab KEESING 1965 vor, indem er das Heckscher-Ohlin-Theorem weiterentwickelte, indem er versuchte es realitätsnaher zu gestalten. Das Ergebnis stellt das *Neo-Faktorproportionen-Theorem* dar, welches die Annahme homogener Produktionsfaktoren verwirft. So wurde der Ausbildungsstand der Arbeiter in das Modell implementiert. So kann ein arbeitsreiches Land durchaus knapp mit höher qualifizierten, ein kapitalreiches Land auch mit vielen hoch qualifizierten Arbeitskräften ausgestattet sein. Folglich werden im arbeitsreichen Land die hoch qualifizierten Arbeitskräfte höher entlohnt als im kapitalreichen Land. So werden Produkte, die einen relativ hohen Anteil an qualifizierter Arbeitskraft erfordern, im arbeitsreichen Land also relativ teuer hergestellt. Dies stellt einen komparativen Nachteil für das Land dar, während das kapitalreiche Land einen komparativen Vorteil bei der Herstellung dieses Gutes aufweist.[239] Somit exportieren kapitalreiche Länder jeweils Güter, deren Produktion hoch qualifizierte Arbeitskräfte benötigt und importieren die Güter, die mit einem hohen Anteil an unqualifizierten Arbeitskräften erstellt werden können.

Eine Brücke zum Heckscher-Ohlin-Theorem lässt sich schlagen, indem man qualifizierte Arbeit als *Humankapital* dem Produktionsfaktor Kapital zuordnet, sodass der Produktionsfaktor Arbeit nur noch aus unqualifizierten Arbeitskräften besteht. Begründen lässt sich dieser Kniff damit, dass Humankapital erst durch Investitionen in die Bildung eines Landes entwickelt wird.

Die getroffenen Aussagen des Neo-Faktorproportionen-Theorems eignen sich in erster Linie um Handel zwischen Industrieländern und (halbindustrialisierten) Entwicklungsländern zu begründen, für intraindustriellen Handel scheint das Theorem ungeeignet. So besteht für Entwicklungsländer ein komparativer Vorteil bei der Produktion von Gütern, welche arbeitsintensiv im Sinne des Neo-Faktorproportionen-Theorems sind (d.h. der Faktor Arbeit wird als

---

238 Vgl. Zweifel, P. / Heller, H. R.: (Internationaler Handel), S. 138 ff.

239 Vgl. Jawad, F.: (Handelsentwicklung), S. 9 f.

unqualifizierte Arbeit definiert). Die Industrieländer verfügen hingegen bei der Herstellung von sach- und humankapitalintensiven Gütern über einen komparativen Vorteil.[240]

Größenvorteile und Außenhandel

Nachdem ein Einblick in die neo-klassischen Theorien von RICARDO und HECKSCHER-OHLIN vermittelt wurde, soll im Folgenden die Theorie der Größenvorteile (auch als ‚Theorie externer Skaleneffekte' bezeichnet[241]) näher betrachtet werden. Es soll gezeigt werden, wie durch die Entstehung von Größenvorteilen Außenhandel und Wachstum zustande kommt.

Während die obigen neo-klassischen Theorien konstante Skalenerträgen unterstellen, soll nachstehend von zunehmenden Skalenerträgen ausgegangen werden. Das bedeutet, dass die Verdopplung des Faktoreinsatzes die Produktionsmenge mehr als verdoppelt, was wiederum impliziert, dass mit zunehmender produzierter Menge an Gütern der durchschnittliche Faktoreinsatz sinkt.[242] Gehen wir erneut von einer Zwei-Länder-Welt aus, wobei angenommen wird, dass beide Länder über die gleiche Technologie verfügen. Wir nehmen an, dass zahlreiche Güter von zunehmenden Skalenerträgen in der Produktion gekennzeichnet sind. Um diese ausnutzen zu können muss sich jedes Land auf die Produktion bestimmter Güter beschränken.

Konzentriert sich nun die Weltproduktion bestimmter Güter i (z. B. i=1, 2, 4) in Land 1, so kann die der Weltwirtschaft – aufgrund zunehmender Skalenerträge – mit gleichem Faktoreinsatz (verwenden wir hierfür erneut den Faktor Arbeit) den Output der Güter i mit i=1, 2, 4 steigern. Jedoch muss das Land 1 nun die Produktion anderer Güter i (z.B. i=3, 5) zurückfahren, da der Faktor Arbeit in die Produktion der Güter i (i=1, 2, 4) umgelenkt wurde. Diese Güter (i=3, 5) werden jetzt in Land 2 hergestellt, und zwar unter Einbeziehung der Arbeitskräfte, welche in Land 2 durch die Konzentration der Produktion der Güter i=1, 2 und 4 in Land 1 freigesetzt wurden. So produziert die

---

240 Vgl. Jawad, F.: (Handelsentwicklung), S. 10

241 Man unterscheidet in der Literatur interne und externe Skaleneffekte. Vgl. dazu Krugman, P. R. / Obstfeld, M.: (Internationale Wirtschaft), S. 174. Hier soll lediglich auf die externen Effekte Bezug genommen werden, da sich die Erklärungsmuster der internen Skaleneffekte vor allem auf den intraindustriellen Handel (Handel zwischen Industrienationen) beziehen, uns aber in dieser entwicklungsökonomischen Arbeit zur ASEAN nur der interindustrielle Handel (Handel zwischen Industrienationen und Entwicklungs- / Schwellenländern) interessieren soll.

242 Vgl. Krugman, P. R. / Obstfeld, M.: (Internationale Wirtschaft), S. 172

Weltwirtschaft sämtliche Güter in größeren Mengen.[243] Da die Verbraucher der beiden Länder weiterhin eine Vielzahl von Gütern konsumieren möchten, importiert Land 1 die Güter der Branchen, welche sich in Land 2 konzentriert haben und umgekehrt. Der Welthandel ermöglicht somit jedem Land, sich in der Produktion auf bestimmte Branchen zu spezialisieren und die Vorteile der Massenproduktion auszunutzen. Dabei sinken die Durchschnittskosten einer Branche mit zunehmender Größe.[244]

Wie entstehen nun aber externe Skaleneffekte, die im obigen Modell lediglich unterstellt werden? Externe Skaleneffekte entstehen – im Gegensatz zu internen Skaleneffekten, die auf Unternehmensebene erzeugt werden – auf Ebene der Branche. Der bekannte britische Nationalökonom ALFRED MARSHALL (1842-1924) untersuchte dieses Phänomen bereits vor mehr als einhundert Jahren und kam zu folgendem noch heute gültigen Ergebnis: Quelle externer Effekte durch die regionale Ansammlung von Unternehmen einer Branche sind folgende Faktoren:[245]

Erstens die Ansiedlung *spezialisierter Anbieter* in der Region. Die Produktion – vor allem aber auch die Entwicklung – von Gütern und Dienstleistungen erfordert oft allerlei hoch spezialisierte Geräte und unterstützende Dienstleistungen. Positioniert sich ein spezialisierter Anbieter in der geografisch konzentrierten Branche, so ermöglicht ihm der größere Abnehmermarkt direkt „vor der Haustür", bessere Chancen zu überleben, als wenn er versucht, seine Produkte / Dienstleistungen an einzelne Unternehmen in der Welt zu verkaufen. Als Beispiel dafür seien die Zulieferer der deutschen Automobilindustrie angeführt, die sich in der Regel um einen Standort eines Fahrzeugherstellers ansammeln. Zweitens entsteht in der regional zentrierten Branche ein Pool an *hoch qualifizierten Arbeitskräften.* Dieser bietet sowohl Produzenten Schutz vor Arbeitskräftemangel als auch Beschäftigten einen besseren Schutz vor Arbeitslosigkeit. Durch die regionale Ansammlung der Branche kann der Produzent bei erhöhtem Bedarf, z. B. durch ein hohes Auftragsvolumen, schneller und einfacher spezialisierte Arbeitskräfte anwerben, die bei einem anderen ähnlichen Unternehmen, welches vielleicht gerade wenig Aufträge hat, entlassen werden mussten. Selbst das direkte Abwerben von anderen

---

243 Vgl. Krugman, P. R. / Obstfeld, M.: (Internationale Wirtschaft), S. 173

244 Vgl. Krugman, P. R. / Obstfeld, M.: (Internationale Wirtschaft), S. 207

245 Vgl. zu folgenden Ausführungen Krugman, P. R. / Obstfeld, M.: (Internationale Wirtschaft), S. 203-207

Unternehmen durch z. B. einen höheren Lohn ist möglich. Umgekehrt findet der – in dem einen Unternehmen wegen schlechter Auftragslage entlassene – spezialisierte Arbeiter schneller wieder eine Anstellung bei einem Unternehmen der Region, bei dem die Auftragslage gut ist. Drittens konzentrieren sich dort *Wissensexternalitäten*. Wissen hat sich heute neben Arbeit, Kapital und Rohstoffen zu einem sehr wichtigen Produktionsfaktor entwickelt. Es hat sich gezeigt, dass Know-how nicht nur aus dem eigenen Unternehmen heraus generiert wird bzw. von der Konkurrenz „erspioniert" oder am Markt erkauft (Dienstleistungen, Patente) wird, sondern auch durch informellen Austausch von Informationen und Ideen im persönlichen Gespräch entsteht. Durch die räumliche Konzentration der Branche treffen sich Mitarbeiter der Unternehmen auch in ihrer Freizeit, z. B. durch gemeinsame Hobbies, und unterhalten sich dabei auch über technische Probleme oder Neuigkeiten an der „Branchen-Front". Somit sind schließlich auch die Unternehmen über aktuelle Dinge im Bilde.

Diese Faktoren zeigen eindrucksvoll, warum eine regional enge Ansiedlung von sehr ähnlichen und in Konkurrenz zueinander stehenden Unternehmen Sinn macht.

ASEAN – Handel und Handelsabkommen

ASEAN-Handel

Nachdem im letzten Kapitel aus wirtschaftstheoretischer Sicht die Vorteile des Außenhandels erläutert wurden, soll in diesem Kapitel der (Außen-) Handel der ASEAN-Staaten näher betrachtet werden und dabei auch auf die Ausgestaltung durch Handelsabkommen eingegangen werden.

Beginnen wir mit einer Betrachtung des Intra- sowie des Extra-ASEAN-Handelsvolumens und vergleichen es mit denen der EU. Betrachtet man die Daten der folgenden Abbildung, so stellt man fest, dass das Gesamthandelsvolumen der ASEAN-Staaten doch um einiges hinter dem der damaligen EU-15 liegt.[246] Die Intra-ASEAN-Handelsvolumen beträgt nur etwa ein Zwanzigstel des Niveaus der EU.

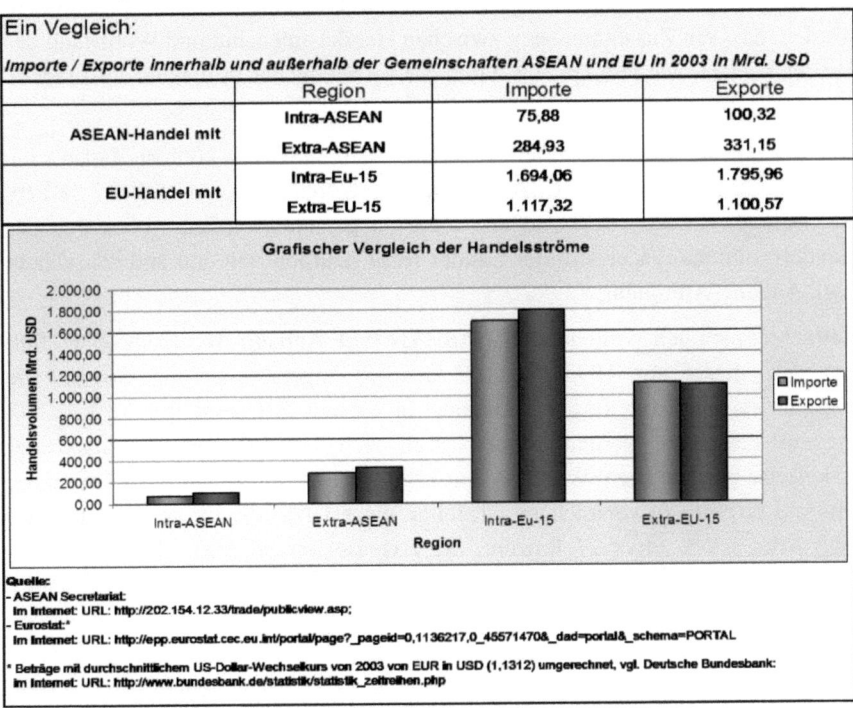

Ein Vegleich:

Importe / Exporte innerhalb und außerhalb der Gemeinschaften ASEAN und EU in 2003 in Mrd. USD

	Region	Importe	Exporte
ASEAN-Handel mit	Intra-ASEAN	75,88	100,32
	Extra-ASEAN	284,93	331,15
EU-Handel mit	Intra-Eu-15	1.694,06	1.795,96
	Extra-EU-15	1.117,32	1.100,57

Quelle:
- ASEAN Secretariat:
Im Internet: URL: http://202.154.12.33/trade/publicview.asp;
- Eurostat:*
Im Internet: URL: http://epp.eurostat.cec.eu.int/portal/page?_pageid=0,1136217,0_455714708_dad=portal&_schema=PORTAL

* Beträge mit durchschnittlichem US-Dollar-Wechselkurs von 2003 von EUR in USD (1,1312) umgerechnet, vgl. Deutsche Bundesbank:
Im Internet: URL: http://www.bundesbank.de/statistik/statistik_zeitreihen.php

Abbildung 1: Vergleich – Handel der ASEAN und der EU in 2003

---

246 EU-15 sind die 15 europäischen Mitgliedsstaaten, die bereits vor der EU-Osterweiterung am 01. Mai 2004 der EU angehörten, jetzt EU-25.

Betrachtet man den Intra- und Extra-Handel der Gemeinschaften, so fällt das geringe Handelsvolumen innerhalb der ASEAN auf. Dieses erreicht bei den Importen gerade mal ca. 26 Prozent, bei den Exporten gerade mal ca. 30 Prozent des Außenhandelsniveaus. Es scheint, dass der Gemeinschaftssinn, insbesondere das Ziel der wirtschaftlichen Kooperation der ASEAN-Mitgliedsstaaten, nicht sehr ausgeprägt ist. Bei der Europäischen Union hingegen dreht sich das Verhältnis, der Außenhandel mit „Nicht-EU"-Ländern beträgt nur etwas über 60 Prozent des Innenhandels. Es ist also hier ein starker Intra-Handel zu verzeichnen, welcher sich durch die EU-Osterweiterung im Mai 2004 um weitere zehn Mitgliedsstaaten aktuell noch weiter ausgebaut haben dürfte.

Singapur, Malaysia, Thailand, Indonesien und die Philippinen können, ihr Handelsvolumen betrachtet[247], als die Länder bezeichnet werden, deren Handel am stärksten ausgeprägt ist. Interessant ist, dass diese Länder auch beim „BIP pro Kopf Vergleich" (siehe oben) vorne liegen. Es kann also daraus geschlossen werden, dass ein Zusammenhang zwischen Handelsintensität und Wohlstand des Landes besteht, wie in Kapitel 3 durch die verschiedenen Außenhandelsmodelle theoretisch fundiert.

Als wichtigste Handelspartner außerhalb der ASEAN können Japan, die Europäische Union, die USA, China, Südkorea und Australien, Indien, Neuseeland, Kanada, Russland und Pakistan genannt werden, wobei sich das Handelsvolumen der ersten vier Länder recht deutlich von den anderen abhebt (vgl. Anhang-Abbildung 8).

Betrachtet man den Welthandel der ASEAN (vgl. Anhang-Abbildung 9), so fällt auf, dass dieser von 1993 bis 2003 deutlich zugenommen hat. Sowohl die Importe als auch die Exporte konnten in diesem Zeitraum um 62 bzw. 48 Prozent gesteigert werden. Auch lassen sich hier die Auswirkungen der Asienkrise gut erkennen. Während von 1993 bis 1997 ein stetiges Wachstum der Im- und Exporte zu verzeichnen ist, fallen diese 1998 (die Importe brechen um 96,5 Mio. US-$, etwa 27 Prozent, die Exporte um 26 Mio. US-$, etwa 7,4 Prozent ein). 1999 und 2000 steigen die Werte wieder an, bis 2001 ein erneuter, jedoch milderer Abfall des Handels auftritt, seitdem steigen die Werte jedoch wieder. Seit 1998 weist die ASEAN-Gemeinschaft fühlbare Leistungsbilanz-überschüsse auf. Dies kann jedoch eher weniger als Zeichen einer stärker werdenden „Export-ASEAN" gedeutet werden. Dieser Umstand scheint eher

---

247 Vgl. dazu Anhang, Abbildung 4 bis 7

dadurch bedingt, dass die Importe wesentlich empfindlicher auf die Asienkrise reagierten, und 2003 gerade mal wieder das Niveau vor der Krise erreicht haben.

Die ASEAN Free Trade Area (AFTA)

Die *ASEAN Free Trade Area* wurde bereits am 28. Januar 1992 in Singapur von den damaligen Mitgliedsstaaten beschlossen. Das Abkommen für die Errichtung der *ASEAN-Freihandelszone* als der Dreh- und Angelpunkt der Handelsliberalisierung trat am 01.01.2002 für die ASEAN-6 in Kraft. Die Zone soll – dem Entwicklungsstand der Länder entsprechend – schrittweise auf Vietnam (bis 2006), Laos und Myanmar (bis 2008) und Kambodscha (bis 2010) ausgeweitet werden.[248] Ziel ist es, den „Intra-ASEAN-Handel" zu liberalisieren und die Märkte der Region weiter zu integrieren. Deshalb wurde bechlossen, den Zolltarif auf Waren, die in der sog. „*Common Effective Preferential Tariff (CEPT) – Inclusion List*" festgelegt wurden (zum 01.01.2002 waren es 44060 erfasste Produkte insgesamt), umgehend auf fünf bis null Prozent zu senken. Im Jahre 2004 waren bei den sog. *ASEAN-6*[249] bereits 99,45 % der CEPT-Waren mit diesem Zolltarif belastet. Die neuen Mitglieder konnten bereits 66,57 % der CEPT-Waren in diesen Zolltarif überführen, sodass die CEPT-Produkte der gesamten ASEAN zu 90,17 % diesen Tarif erreichen konnten.[250] Die ASEAN hat sich darauf geeinigt, dass sämtliche Importzölle bis 2010 (ASEAN 6) / 2015 (CLMV-Staaten) wegfallen.

Wirtschaftliche Kooperationen und Freihandelszonen „im Bau"

Ein Freihandelsabkommen mit Australien und Neuseeland ist bereits beschlossen. Auf dem ASEAN Treffen in Laos Ende November 2004 haben die ASEAN-Staatschefs sowie die Premierminister von Australien und Neuseeland Verhandlungen über ein gemeinsames Freihandelsabkommen für 2005 angekündigt. Die Verhandlungen darüber sollen in den nächsten zwei Jahren abgeschlossen werden, das Abkommen soll innerhalb von zehn Jahren in Kraft treten.[251]

---

248 Vgl. ASEAN Secretariat: Protocol on the Special Arrangement for Sensitive and Highly Sensitive Products Singapore, 30 September 1999, im Internet: URL: http://www.aseansec.org/1207.htm

249 ASEAN 6: Brunei, Indonesien, Malaysia, Philippinen, Singapur und Thailand

250 Vgl. Anhang-Abbildung 3

251 Vgl. Auswärtiges Amt: im Internet:URL: http://www.auswaertiges-amt.de/www/de/laenderinfos/laender/print_html?type_id=12&land_id=13

Im Rahmen der *ASEAN Plus Three* Summits, das sind die ASEAN, China, Japan und Südkorea[252], wurde aufgrund der zunehmenden ökonomischen Stärke der Volksrepublik China und auf Initiative des chinesischen Ministerpräsidenten ZHU RONGJI im November 2001 die Errichtung einer *„ASEAN-China Free Trade Area (ACFTA)"* angeregt. Diese soll für die ASEAN-6 bis 2010 (CMLV-Staaten: 2015) umgesetzt werden. Sie wäre dann mit 1,7 Mrd. Verbrauchern und einer Wirtschaftskraft von fast 2 Billionen US-Dollar die größte Freihandelszone der Welt. [253] Auch mit Japan strebt die ASEAN eine Wirtschaftspartnerschaft *ASEAN-Japan Closer Economic Partnership (ASEAN-Japan CEP)* als Grundlage für eine zukünftige Freihandelszone (bis 2012) an. Man einigte sich, den Handel zwischen der ASEAN und Japan zu liberalisieren und seine Geschäftsbeziehungen auszubauen. Als Grundlage für die erweiterten Handelsliberalisierungen der ASEAN mit China und Japan dient dabei das WTO-Regelwerk bzw. der Katalog der dem GATT gegenüber eingegangenen Handelsliberalisierungsverpflichtungen. [254] Auch mit dem Dialogpartner Südkorea wurde der Ausbau der wirtschaftlichen Kooperation auf dem ASEAN-Republic of Korea-Gipfel im Oktober 2003 in Bali beschlossen und die Möglichkeit der Errichtung einer Freihandelszone in Betracht gezogen.[255]Auf dem *ASEAN-India Summit* am 05. November 2002 in Kambodscha einigten sich die ASEAN-Staaten mit Indien, ihre wirtschaftlichen Beziehungen weiter auszubauen. Der Handel sowie weitere Investitionen sollen vorangetrieben, der Marktzugang erleichtert werden.[256] Auch mit Kanada wurde am 03. Mai 2005 auf dem Canada-ASEAN 2005 Business Forum der Ausbau der wirtschaftlichen Kooperation in einem 10 Punkte Programm für mehr Handel und Investitionen festgehalten.[257]

252 Vgl. ASEAN Secretariat: im Internet: URL: http://www.aseansec.org/4918.htm

253 Cordenillo, R. L.: (ASEAN-China Free Trade Area), im Internet: URL: http://www.aseansec.org/17310.htm

254 Vgl. ASEAN Secretariat: im Internet: URL: http://www.aseansec.org/15274.htm; Deutsches Übersee-Institut: im Internet: URL: http://www.duei.de/nsa/02-2/kostenfrei/u06.pdf

255 Vgl. ASEAN Secretariat: im Internet: URL: http://www.aseansec.org/7672.htm

256 Vgl. ASEAN Secretariat: im Internet: URL: http://www.aseansec.org/13198.htm

257 Vgl. ASEAN Secretariat: im Internet: URL: http://www.aseansec.org/17472.htm

ASEAN – aktuelle Entwicklungen und Ausblick

Die Asienkrise, terroristische Anschläge und Unruhen in Touristengebieten, die Lungenkrankheit SARS, die Vogelkrippe und vor allem die die Flutwelle am 26.12.2004 (welche die Mitglieder Malaysia, Indonesien und Myanmar traf), eine der größten Naturkatastrophen seit Menschengedenken sowie das schwere Erdbeben vom 28.03.2005 haben aus Südostasien eine Region ständiger Krisen werden lassen. Auch die Situation in Myanmar gestaltet sich als schwierig. Der von einem Militärregime geführte Staat gilt im Westen bereits als Pariastaat, wodurch die ASEAN-Gemeinschaft große Vertrauensverluste erlitt.[258] Trotz *oder vielleicht auch gerade wegen* der schweren Zeiten in der Vergangenheit hat die ASEAN bereits auf dem IX. Gipfeltreffen in Bali am 07. und 08. Oktober 2003 mit der *„Declaration of ASEAN Concord II (Bali Concord II oder Bali II)"* eine neue Ära der ASEAN-Gemeinschaft eingeleitet, die sie nun von ihrem Ruf als „Gemeinschaft der Einzelgänger" [259] befreien und das Vertrauen der Partner und Investoren wiederherstellen soll. So soll neben den fortwährenden Bestrebungen, den Handel innerhalb und außerhalb der ASEAN zu liberalisieren und weiter auszubauen (siehe oben) durch Bali II die Verwirklichung der bereits 1997 beschlossenen *ASEAN Vision 2020* erfolgen. Unter dem Motto *„Towards an ASEAN Economic and Security Community"* haben die ASEAN-Staaten die Gründung einer *ASEAN Community* bis spätestens 2020 beschlossen. Diese soll auf drei wichtigen Säulen beruhen: der *ASEAN Security Community (ASC), der ASEAN Economic Community (AEC)* sowie der *ASEAN Socio-Cultural Community (ASCC).*[260]

Die ASEAN Security Community soll die politische und sicherheitspolitische Kooperation in der Region verbessern, die das friedliche Zusammenleben der Staaten in einem gerechten und demokratischen Umfeld gewährleisten soll. Auf der *2nd SIF-ASEAN Student Fellowship Alumni Conference* am 08. April 2005 in Singapur wurden dazu 5 Kernkompetenzen der ASC vorgestellt: *„Political Development, Shaping and Sharing of Norms, Conflict Prevention, Conflict*

---

258 Vgl. auch Freistein, K.: (Die Vision einer ASEAN-Gemeinschaft), S. 1, im Internet: URL: http://www.hsfk.de/downloads/report0204.pdf

259 Verantwortung und Macht wurden bisher bewusst nicht auf die Institution ASEAN übertragen, vgl. die Kapitel „Einleitung" und „Die ASEAN-Organisation"; es fehlte somit die Grundlage einer „echten" politische Zusammenarbeit, das gemeinsame „Ziehen" der Staaten an einem Strang.

260 Vgl. ASEAN Secretariat: im Internet: URL: http://www.aseansec.org/15159.htm

Resolution, und *Post-Conflict Peace-Building".*[261] Die ASEAN Economic Community soll zur Integration der Märkte innerhalb der ASEAN dienen, und somit Grundlage für einen einheitlichen Produktions- und Absatzmarkt sein, auf dem der freie Verkehr von Waren, Dienstleistungen, Investitionen und Kapital bis 2020 ermöglicht wird. Des Weiteren soll die Attraktivität der ASEAN als Investitionsziel gesteigert werden, indem der Handel weiter liberalisiert und erleichtert, die Transaktionskosten weiter gesenkt und die Wettbewerbsfähigkeit kleiner und mittlerer Unternehmen erhöht wird.[262] Die ASEAN Socio-Cultural Community als letzte Säule soll die ASEAN-Staaten näher zusammen rücken, indem die Verbesserung der Lebensqualität aller ASEAN-Bürger durch folgende vier Kernbereiche der Kooperation angestrebt wird: „Building a community of caring societies; Managing the social impact of economic integration; Enhancing environmental sustainability; and Strengthening the foundations of regional social cohesion."[263]

Die ASEAN strebt also eine enge Gemeinschaft nach dem Vorbild der Europäischen Union oder zumindest ähnlich der EU an, um so das internationale Vertrauen wiederzugewinnen, was durch die Asienkrise erschüttert wurde. Kritisiert und in Frage gestellt wird jedoch bei der ASEAN Vision 2020 das Beibehalten des sog. „ASEAN Way", dem Prinzip der Konsensentscheidungen und des Nichteinmischens in interne Angelegenheiten.[264] Nach KATJA FREISTEIN stelle dieser einen Widerspruch zur Bildung einer ernst gemeinten Gemeinschaft dar. Vergleicht man diesen Standpunkt mit dem der Europäischen Union, so stellt dieser den größten Unterschied zur EU dar. Es fehle am politischen Rahmen, an der Delegierung von Verantwortung und Macht an die Organisation ASEAN, wie sie z.B. bei der EU durch die Europäische Kommission, den Europäischen Gerichtshof oder die Europäische Zentralbank wahrgenommen wird.

Des Weiteren, so gibt FREISTEIN zu bedenken, sei der der Erweiterungsprozess der ASEAN (CMLV-Staaten), anders als bei der EU-Erweiterung, ohne jegliche objektive Beitrittskriterien vollzogen worden. Die regionale Kohäsion sei durch die unterschiedlichen politischen Systeme und Entwicklungsstände der

261 Vgl. ASEAN Secretariat: im Internet: URL: http://www.aseansec.org/17410.htm

262 Vgl. ASEAN Secretariat: im Internet: URL: http://www.aseansec.org/17358.htm

263 Vgl. ASEAN Secretariat: im Internet: URL: http://www.aseansec.org/17410.htm

264 Vgl. hierzu und zu folgenden Ausführungen Freistein, K.: (Die Vision einer ASEAN-Gemeinschaft), S. 5-9, im Internet: URL: http://www.hsfk.de/downloads/report0204.pdf

Mitglieder (vor allem ASEAN-6 und CLMV-Staaten) möglicherweise sehr problematisch und schwierig umzusetzen.[265] Die Wirtschaftskooperation sei dadurch in eine „ASEAN der zwei Geschwindigkeiten" geteilt. Einigen wirtschaftlich besser gestellten Mitgliedsländern gehe der Integrationsprozess bereits jetzt zu langsam, weshalb sie sich zunehmend außerhalb der Region orientieren (siehe oben), um den Anschluss auf dem Weltmarkt nicht zu verpassen. Dies sei weder der Integration der neuen Mitglieder dienlich, noch werde dadurch das Gemeinschaftsgefühl bzw. die gemeinsame Identität der ASEAN stimuliert.[266]

Zusammenfassend bleibt also festzuhalten, dass die ASEAN mit der ASEAN Vision 2020 ein Signal der Reformbereitschaft und -fähigkeit nach Außen setzt, diese Erwartungen jedoch nur schwer einhalten bzw. umsetzen wird können.

---

265 Vgl. Freistein, K.: (Die Vision einer ASEAN-Gemeinschaft), S. 21, 27, im Internet: URL: http://www.hsfk.de/downloads/report0204.pdf

266 Vgl. Freistein, K.: (Die Vision einer ASEAN-Gemeinschaft), S. 22, im Internet: URL: http://www.hsfk.de/downloads/report0204.pdf

Schlussbetrachtungen

Wie in Kapitel 3 an den gängigsten Entwicklungstheorien hergeleitet wurde, kann auch der Außenhandel zwischen Entwicklungs- bzw. Schwellenländern und Industrienationen Wachstum und somit zur Steigerung des Wohlstandes aller beteiligten Länder führen. So kann der wirtschaftliche Erfolg der ASEAN in den letzten achtunddreißig Jahren (ausgenommen die Asienkrise 1997) zu einem Großteil auf die Handelsaktivitäten der Gemeinschaft zurückgeführt werden. Die ASEAN ist geprägt vom stetigen Forcieren der Liberalisierung des Handels. Der fortwährende Ausbau wirtschaftlicher Kooperationen weltweit, die Errichtung der AFTA in 2002, weitere geplante Freihandelszonen und die ASEAN Vision 2020 (besonders die AEC) zeigt dies deutlich. Besonders nach der Asienkrise 1997 sollen ausländischen Investoren neue Anreize geboten werden, in den ASEAN-Staaten zu investieren. Während die weiteren Weichen für den wirtschaftlichen Erfolg gestellt zu sein scheinen, bleibt jedoch die soziokulturelle Integration der Staaten hinter den Erwartungen zurück. Der ASEAN Way – geschichtlich geprägt durch die Kolonialzeit (absolute Souveränität der Einzelstaaten!) und auch in der ASEAN Vision 2020 wieder bestätigt – kann als ein Grund dafür gesehen werden. So wird das Zusammenwachsen der ASEAN zu einer Gemeinschaft nach dem Vorbild der EU in erheblichem Maß von der politischen Kooperationsbereitschaft seiner Mitglieder abhängen. Nur durch Vertiefung der Kooperation und Integration innerhalb der ASEAN (besonders der schwächeren CMLV-Staaten) kann eine ASEAN-Gemeinschaft entstehen, die so wichtig für das Fortführen des Erfolgsmodells ASEAN in der Zukunft zu sein scheint. Die Entwicklung der ASEAN, besonders die Umsetzung der ASEAN Vision 2020 bleibt also spannend.

Anhang

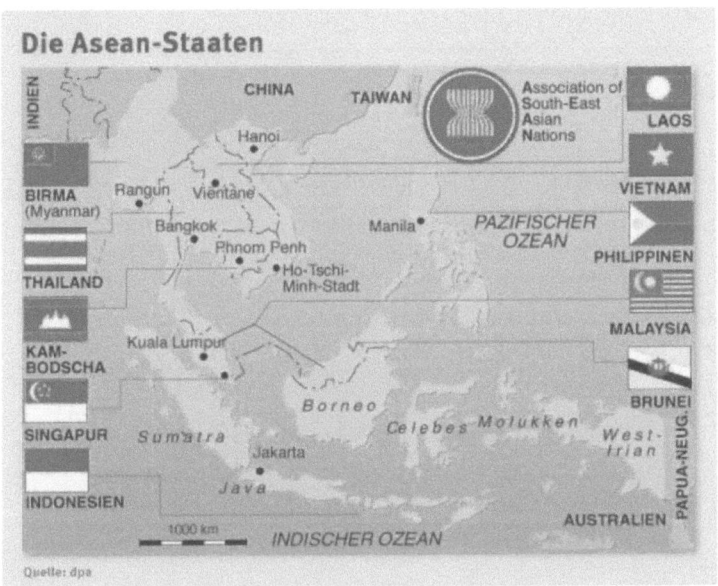

Anhang-Abbildung 1: ASEAN-Staaten: Geografische Karte[267]

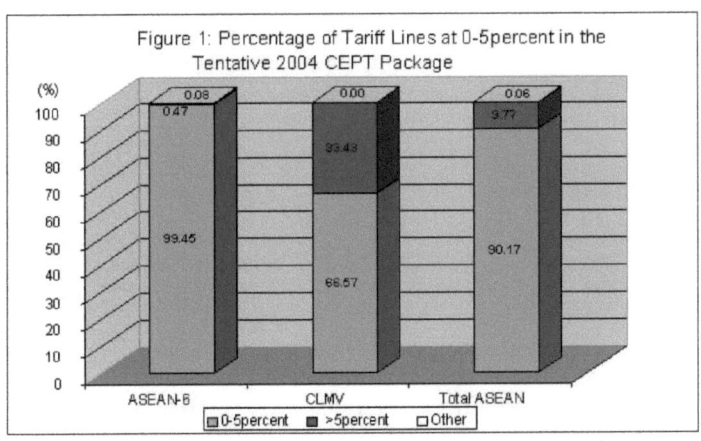

Anhang-Abbildung 2: Zolltarif der CEPT-Produkte 2004[268]

---

267 Quelle: Universität Flensburg: im Internet: URL: http://www.uni-flensburg.de/vwl/panther/lehre_mba_ws200304_aktuelle_themen.php

268 Quelle: ASEAN Secretariat: im Internet: URL: http://www.aseansec.org/12021.htm

Staat	BIP nach Sektoren in %*	wichtige Agrarerzeugnisse**	wichtige Bergbauprodukte	wichtige Industrieerzeugnisse
Brunei	2,85 44,41 52,74	P, R, K, Kork	Erdöl, Erdgas	Erdölverarbeitung
Indonesien	18 45 38	R, M, S, Gewürze, K, Tropenholz	Erdöl, Erdgas, Zinn, Nickel, Bauxit, Kupfer, Eisenerz	Chemikalien, Elektronik, Reifen, Textilien
Kambodscha	36 28 36	R, M, K, P, Zuckerrohr, Viehzucht (Rinder), F	Rubine, Saphire	Nahrungsmittel, Textilien
Laos	51 23 26	R, M, Kartoffeln, Maniok, Kaffee, Tee, illegaler Opiumanbau	Zinn	verarbeitete Agrarprodukte, Papier-, Zement-, und Glasindustrie
Malaysia	9 47 44	Palmöl, K, F, H	Zinn, Erdöl, Erdgas, Bauxit	Maschinen, Kraftfahrzeuge, elektronische Bauteile, Gummi- und Ölerzeugnisse
Myanmar	60 9 31	R, Baumwolle, Bohnen, Hülsenfrüchte, K, Ölpalmen, F, H	Reiche Bodenschätze	Nahrungsmittel, Textilien, Baustoffe
Philippinen	15 33 53	R, M, Bananen, Kokospalmen, Tabak, Ananas, Kaffee, F	Kupfer, Chrom, Silber, Gold	Textilien, chemische Industrie, Nahrungsmittel, elektronische Geräte, Computerchips
Singapur	0,19 35,35 64,47	Landwirtschaft und Fischerei sind unbedeutend		Mineralölindustrie, Chemie, Elektronik, Bekleidung, Spielzeug
Thailand	9 43 48	R, M, S, K, Maniok, Zuckerrohr, F, Teakholz	Zinn, Eisenerz, Erdöl, Gips	Textilien, Schuhe, Spielzeug, Elektronik
Vietnam	23 39 39	R, Maniok, tropische Früchte, Tee, Kaffee, S, K, Viehzucht, F, H	Steinkohle, Zink, Blei, Apatit, Mangan	Textilien, Holzverarbeitung, Schwerindustrie, Fischverarbeitung, Handwerk

* 1. = primärer (Landwirtschafts-), 2. = sekundärer (Industrie-), 3. = tertiärer (Dienstleistungs-) Sektor

** R = Reis, M = Mais, S = Soja, K = Kautschuk, H = Holz, P = Pfeffer, F = Fischfang

Anhang-Abbildung 3: ASEAN-Staaten: Agrar-, Bergbau- und Industriesektoren[269]

---

269 Quelle in modifizierter Form übernommen von Verlag KLETT – PERTHES: (TERRA-ALEXANDER-Datendienst), im Internet: URL: http://www.klett-verlag.de/sixcms/detail.php?id=19133&query_id=0

Intra-ASEAN Export pro Land (Volumen in Tausend US-$)									
Jahr	Brunei	Kambodscha	Indonesien	Malaysia	Myanmar	Philippinen	Singapur	Thailand	TOTAL
1993	487.236,4	-	4.997.171,4	12.986.858,7	-	795.312,5	18.406.112,2	6.008.401,3	43.681.092,5
1994	468.229,5	-	5.867.077,8	15.256.869,7	-	1.425.530,3	27.562.399,4	7.991.373,1	58.571.479,8
1995	529.658,1	-	6.475.859,8	18.435.590,3	-	2.357.509,0	31.770.692,8	10.609.570,8	70.178.880,8
1996	446.382,0	-	8.310.128,0	22.693.954,0	-	2.970.332,3	34.441.433,7	12.111.497,4	80.973.727,4
1997	496.420,9	-	8.850.946,3	23.248.724,1	-	3.436.164,9	35.793.849,0	13.525.718,7	85.351.823,9
1998	220.830,5	-	9.346.725,0	21.611.412,7	-	3.821.026,5	25.998.244,4	8.314.666,0	69.312.905,1
1999	375.135,1	-	8.278.307,7	21.885.037,5	236.808,2	4.989.133,4	29.269.342,3	9.901.916,7	74.935.680,9
2000	639.489,6	76.034,3	10.883.680,0	24.408.638,3	393.460,9	5.982.570,5	37.783.963,6	15.099.704,7	95.267.541,9
2001	774.809,7	72.574,9	9.507.069,7	21.024.151,4	951.273,1	4.986.037,5	32.815.393,7	14.356.592,3	84.487.902,3
2002	684.148,3	91.890,6	9.933.467,4	22.127.091,5	1.221.310,0	5.529.685,5	33.962.582,6	12.840.358,4	86.390.534,4
2003	632.894,8	101.505,0	10.725.384,9	26.630.763,0	3.060.239,6	6.581.680,9	36.003.349,9	16.582.984,7	100.318.802,9

Intra-ASEAN Import pro Land (Volumen in Tausend US-$)									
	Brunei	Kambodscha	Indonesien	Malaysia	Myanmar	Philippinen	Singapur	Thailand	TOTAL
1993	886.282,0	-	2.658.730,1	8.903.577,8	-	1.882.996,1	18.760.474,7	5.671.232,2	38.763.292,9
1994	983.454,0	-	3.270.893,3	10.947.912,1	-	2.463.843,8	22.166.741,7	7.079.022,6	46.911.867,5
1995	1.013.019,2	-	4.218.949,5	12.522.576,0	-	2.489.131,4	24.537.634,5	8.820.752,3	53.602.062,9
1996	2.848.595,5	-	5.549.042,1	14.682.325,0	-	4.011.805,3	27.362.189,6	9.757.224,8	64.211.182,3
1997	976.753,8	-	5.413.048,3	14.840.076,9	-	4.872.822,7	30.396.881,7	8.121.645,7	64.621.229,1
1998	591.071,1	-	4.559.234,1	12.940.018,2	-	4.428.887,3	23.647.590,8	5.438.072,7	51.604.874,2
1999	895.621,8	-	4.783.565,4	12.412.836,0	1.038.635,7	4.461.006,1	26.240.969,7	7.987.393,6	57.820.028,3
2000	534.350,4	549.142,1	6.781.207,6	15.934.846,2	1.113.286,7	4.955.437,6	33.291.306,8	10.475.886,0	73.635.463,4
2001	544.788,1	1.091.719,9	5.726.811,4	15.254.288,0	1.319.175,1	4.664.794,6	28.990.986,3	10.046.961,6	67.639.525,0
2002	598.929,8	597.967,1	6.931.803,8	17.245.152,6	1.190.784,1	5.542.037,7	30.441.438,3	9.683.086,2	72.231.199,5
2003	616.871,9	1.694.884,7	8.030.312,6	14.329.480,1	967.818,3	6.398.136,1	31.224.919,7	12.616.326,6	75.878.749,9

Quelle: ASEAN Secretariat: Im Internet: URL: http://202.154.12.33/trade/publicview.asp

Anhang-Abbildung 4: Tabelle: Intra-ASEAN Handel Importe / Exporte 1993-2003

Extra-ASEAN Export pro Land (Volumen in Tausend US-$)									
Jahr	Brunei	Kambodscha	Indonesien	Malaysia	Myanmar	Philippinen	Singapur	Thailand	TOTAL
1993	0,0	-	31.825.812,5	33.329.669,5	-	10.579.492,6	55.594.981,8	31.626.102,4	162.956.058,8
1994	1.317.109,2	-	32.979.080,2	40.208.271,3	-	12.024.656,5	64.327.149,8	37.337.000,3	188.193.267,3
1995	2.241.324,5	-	38.942.124,0	48.712.234,3	-	15.036.684,1	72.848.000,2	48.737.437,3	226.517.804,4
1996	2.046.872,5	-	45.534.396,3	51.552.710,6	-	16.562.673,2	82.907.942,8	43.783.201,3	242.387.796,7
1997	2.217.740,8	-	42.423.363,6	54.208.920,1	-	21.791.537,9	92.380.437,6	44.296.313,5	257.318.313,5
1998	1.702.824,3	-	39.500.913,9	55.487.219,6	-	25.675.326,0	83.804.679,7	41.166.911,4	247.337.855,0
1999	1.965.528,7	-	40.387.144,4	62.402.875,4	501.229,4	30.047.759,1	85.355.799,3	46.208.962,8	266.869.299,1
2000	1.529.657,1	1.291.498,1	51.240.336,2	73.745.846,0	800.384,5	32.095.679,7	100.568.496,6	54.154.340,0	315.426.238,2
2001	2.755.635,9	1.422.517,7	46.810.548,1	67.007.456,8	1.267.094,6	27.164.164,5	88.871.422,0	50.761.234,4	286.060.074,0
2002	2.006.714,3	1.824.170,8	47.225.304,2	71.150.130,0	1.230.877,9	29.678.473,2	91.080.073,4	53.267.824,6	297.463.568,3
2003	2.578.247,0	2.014.222,8	50.332.862,1	72.746.854,1	1.403.565,3	29.649.524,6	108.122.316,3	64.306.163,7	331.153.755,9

Extra-ASEAN Import pro Land (Volumen in Tausend US-$)									
	Brunei	Kambodscha	Indonesien	Malaysia	Myanmar	Philippinen	Singapur	Thailand	TOTAL
1993	-	-	25.669.025,0	35.484.406,7	-	15.714.406,0	66.467.212,2	41.212.457,4	184.547.507,3
1994	1.016.950,2	-	31.512.342,7	46.110.332,5	-	18.833.435,4	75.381.883,5	47.474.769,9	220.329.714,0
1995	1.119.641,6	-	36.435.181,3	58.917.339,0	-	19.150.817,5	85.577.705,7	63.752.049,2	264.952.734,3
1996	1.586.245,4	-	41.069.438,5	60.620.766,8	-	24.380.754,9	96.049.453,5	62.688.352,6	286.395.011,7
1997	1.333.933,8	-	36.266.734,2	62.148.207,1	-	31.059.687,8	105.575.832,6	54.966.131,2	291.350.526,7
1998	685.178,8	-	22.777.637,3	48.036.438,5	-	25.230.999,1	77.848.277,8	33.273.479,0	207.852.010,5
1999	824.731,4	-	19.219.716,1	51.265.005,5	844.399,0	26.281.452,3	84.757.001,4	40.330.619,6	223.522.925,3
2000	533.259,4	855.445,3	26.733.597,6	63.712.620,9	1.106.146,9	26.431.963,9	101.388.824,1	51.429.850,8	272.191.708,9
2001	765.186,7	410.266,5	25.235.329,7	57.843.613,7	1.492.256,0	24.886.016,3	86.928.052,4	52.025.323,7	249.586.045,0
2002	1.001.509,3	1.066.818,5	24.357.049,3	61.552.670,9	927.272,4	28.034.373,4	85.894.914,1	53.046.817,9	255.881.426,0
2003	735.070,1	1.211.482,1	24.520.378,0	65.761.624,5	875.433,5	31.098.367,3	96.665.762,8	64.060.005,3	284.928.123,7

Quelle: ASEAN Secretariat: Im Internet: URL: http://202.154.12.33/trade/publicview.asp

Anhang-Abbildung 5: Tabelle: Extra-ASEAN Handel – Importe / Exporte 1993-2003

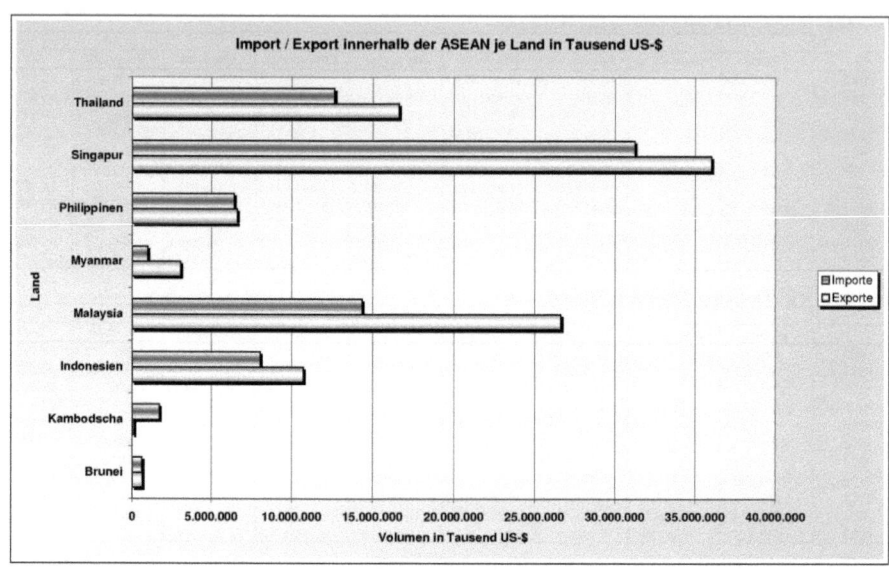

Anhang-Abbildung 6: Graph: Tabelle: Intra-ASEAN Handel Importe / Exporte 2003

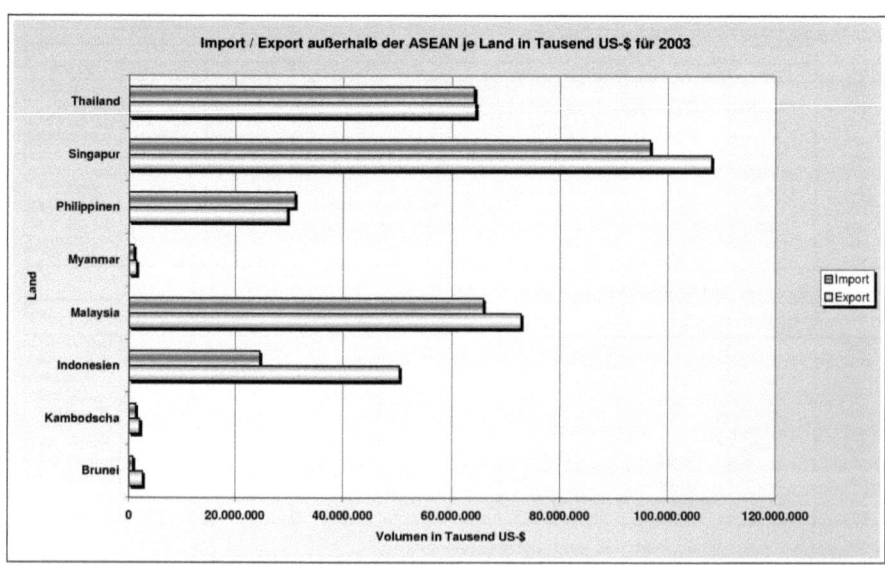

Anhang-Abbildung 7: Graph: Extra-ASEAN Handel – Importe / Exporte 2003

Importe / Exporte der wichtigsten Handelspartner der ASEAN für 2003

(Volumen in Tausend US-$)

	Brunei	Kambodscha	Indonesien	Malaysia	Myanmar	Philippinen	Singapur	Thailand	TOTAL
					Import				
Australien	39.595	8.615	1.648.417	1.606.967	7.399	491.738	2.184.061	1.584.396	7.571.187
Canada	3.186	537	321.831	433.648	533	229.084	552.828	391.439	1.933.087
China	64.583	224.188	2.957.469	5.837.462	264.372	1.797.486	11.064.357	6.062.326	28.272.243
EU	157.884	70.076	3.554.202	12.454.523	34.352	3.016.319	19.205.030	7.577.557	46.069.944
Indien	7.329	14.607	665.609	635.276	74.992	304.178	1.440.845	878.628	4.021.465
Japan	132.805	79.278	4.228.263	12.148.402	209.620	7.640.122	15.387.624	18.251.641	58.077.756
Neuseeland	2.072	1.916	153.731	298.478	2.236	255.470	219.942	211.513	1.145.358
Pakistan	404	6.018	47.005	27.939	5.290	12.107	44.355	80.488	223.606
Südkorea	31.276	80.909	1.527.879	3.022.976	120.628	2.400.662	4.957.744	2.916.654	15.058.728
Rußland	2	924	99.884	151.891	0	345.119	276.809	578.323	1.452.953
USA	158.642	92.676	2.694.817	14.568.340	17.024	7.400.080	276.809	7.164.836	32.373.222
Rest der Welt	137.291	631.737	6.722.906	14.575.722	138.988	7.206.003	26.758.195	17.445.316	73.616.158

	Brunei	Kambodscha	Indonesien	Malaysia	Myanmar	Philippinen	Singapur	Thailand	TOTAL
					Export				
Australien	256.803	976	1.791.603	2.232.517	15.525	406.801	4.676.875	2.167.229	11.548.328
Canada	2.598	59.938	382.110	451.763	11.497	319.034	432.959	941.788	2.601.687
China	219.819	6.500	3.802.530	4.978.771	63.178	2.144.647	10.124.115	5.704.671	27.044.232
EU	12.252	421.555	7.956.755	11.536.107	200.327	5.880.134	19.205.030	11.791.646	57.003.806
Indien	15.729	17	1.742.488	2.183.155	318.486	101.853	3.089.590	640.228	8.091.546
Japan	1.240.160	21.696	13.603.495	8.364.123	237.689	5.768.050	9.686.257	11.424.413	50.345.885
Neuseeland	79.537	1.224	156.076	6.211.653	245	35.983	573.008	266.645	7.324.373
Pakistan	75	2	265.383	626.040	18.275	13.108	455.764	239.674	1.618.321
Südkorea	410.362	1.465	4.323.757	3.197.448	198.321	1.313.535	6.055.657	1.589.833	17.090.378
Rußland	0	1.105	110.062	170.162	1.150	13.960	249.923	273.319	819.682
USA	335.816	1.127.804	7.373.741	12.312.391	165.290	7.263.073	249.923	13.655.886	42.483.923
Rest der Welt	5.097	371.940	8.944.225	20.482.723	173.582	6.389.346	34.367.475	15.171.740	85.906.126

Quelle: ASEAN Secretariat; Im Internet: URL: http://202.154.12.33/trade/publicview.asp

Handelsvolumen der wichtigsten Handelspartner der ASEAN für 2003

Volumen in Tausend-USD

Anhang-Abbildung 8: Handelsvolumen der wichtigsten Handelspartner der ASEAN 2003

ASEAN Welthandel 1993-2003

Welthandel der ASEAN Exporte pro Land (Volumen in Tausend US-$)

Jahr	Export								
	Brunei	Kambodscha	Indonesien	Malaysia	Myanmar	Philippinen	Singapur	Thailand	TOTAL
1993	487.236	-	36.822.984	46.316.528	-	11.374.805	74.001.094	37.634.504	206.637.151
1994	1.785.339	-	38.846.158	55.465.141	-	13.450.187	91.889.549	45.328.373	246.764.747
1995	2.770.983	-	45.417.984	67.147.825	-	17.394.193	104.618.693	59.347.008	296.696.685
1996	2.493.255	-	53.844.524	74.246.665	-	19.533.006	117.349.377	55.894.699	323.361.524
1997	2.714.162	-	51.274.310	77.457.644	-	25.227.703	128.174.287	57.822.032	342.670.137
1998	1.923.655	-	48.847.639	77.098.632	-	29.496.353	109.802.924	49.481.577	316.650.781
1999	2.340.664	-	48.665.452	84.287.913	738.038	35.036.893	114.625.142	56.110.880	341.804.980
2000	2.169.147	1.367.532	62.124.016	98.154.484	1.193.845	38.078.250	138.352.460	69.254.045	410.693.780
2001	3.530.446	1.495.093	56.317.618	88.031.608	2.218.368	32.150.202	121.686.816	65.117.827	370.547.976
2002	2.690.863	1.916.061	57.158.772	93.277.222	2.452.188	35.208.159	125.042.656	66.108.183	383.854.103
2003	3.211.142	2.115.728	61.058.247	99.377.617	4.463.805	36.231.205	144.125.666	80.889.148	431.472.559

Welthandel der ASEAN Importe pro Land (Volumen in Tausend US-$)

Jahr	Import								
	Brunei	Kambodscha	Indonesien	Malaysia	Myanmar	Philippinen	Singapur	Thailand	TOTAL
1993	886.282	-	28.327.755	44.387.985	-	17.597.402	85.227.687	46.883.690	223.310.800
1994	2.000.404	-	34.783.236	57.058.244	-	21.297.279	97.548.625	54.553.793	267.241.582
1995	2.132.661	-	40.654.131	71.439.915	-	21.639.949	110.115.340	72.572.802	318.554.797
1996	4.434.841	-	46.618.481	75.303.092	-	28.392.560	123.411.643	72.445.577	350.606.194
1997	2.310.688	-	41.679.783	76.988.284	-	35.932.511	135.972.714	63.087.777	355.971.756
1998	1.276.250	-	27.336.871	60.976.457	-	29.659.886	101.495.869	38.711.552	259.456.885
1999	1.720.353	-	24.003.282	63.677.842	1.883.035	30.742.458	110.997.971	48.318.013	281.342.954
2000	1.067.610	1.404.587	33.514.805	79.647.467	2.219.434	31.387.402	134.680.131	61.905.737	345.827.172
2001	1.309.975	1.501.986	30.962.141	73.097.902	2.811.431	29.550.811	115.919.039	62.072.285	317.225.570
2002	1.600.439	1.664.786	31.288.853	78.797.824	2.118.056	33.576.411	116.336.352	62.729.904	328.112.626
2003	1.351.942	2.906.367	32.550.691	80.091.105	1.843.252	37.496.503	127.890.682	76.676.332	360.806.874

Quelle: ASEAN Secretariat: Im Internet: URL: http://202.154.12.33/trade/publicview.asp

Welthandel der ASEAN 1993-2003

Leistungsbilanzsaldo der ASEAN (Welthandel) 1993-2003

Anhang-Abbildung 9: ASEAN-Welthandel 1993-2003

Literaturverzeichnis

ASEAN SECRETARIAT: im Internet: URL: http://www.aseansec.org [Stand 16-06-2005]

AUSWÄRTIGES AMT: Internet: URL: http://www.auswaertiges-amt.de/www/de/laenderinfos/ [Stand 16-06-2005]

BUSSE, NIKOLAS: Die Entstehung von kollektiven (Identitäten): Das Beispiel der ASEAN-Staaten, in: Wolf, Klaus Dieter / Haftendorn, Helga / Risse, Thomas / Zürn, Michael (Hrsg.): Weltpolitik im 21. Jahrhundert, Band 4, 1. Auflage – Nomos Verlagsgesellschaft: Baden-Baden 2000

CORDENILLO, RAUL L.: The Economic Benefits to ASEAN of the (ASEAN-China Free Trade Area) (ACFTA), im Internet: URL: http://www.aseansec.org/17310.htm [Stand 16-06-2005]

DEUTSCHES ÜBERSEE-INSTITUT: im Internet: URL: http://www.duei.de [Stand 16-06-2005]

FILSINGER, MICHAEL: Die Integration der Länder Mittel- und Osteuropas in die Europäische Union: (Gründe und Auswirkungen der Güterströme) zwischen beiden Regionen, Universität Konstanz 1998, S. 12 f.

FREISTEIN, KATJA: Reine Rhetorik? – (Die Vision einer ASEAN-Gemeinschaft), Hessische Stiftung Friedens- und Konfliktforschung, HSFK-Report 2/2004, im Internet: URL: http://www.hsfk.de/downloads/report0204.pdf [Stand 16-06-2005]

GARDILL, JUTTA: Nationale (Faktoren des Entwicklungsprozesses) der ASEAN-Staaten, S. 141, in: Mols, Manfred / Birle, Peter (Hrsg.): Entwicklungsdiskussion und Entwicklungspraxis in Lateinamerika, Südostasien und Indien, 2. aktualisierte Auflage – Lit : Münster, Hamburg 1993

IHK Region Stuttgart: Wirtschaftsstatistik, im Internet: URL: http://www.stuttgart.ihk24.de/SIHK24/SIHK24/produktmarken/konjunktur/wirtschaftsstatistik/Wirtschaftsstruktur_Region/Wirtschaftsstruktur_Deutschland_2003.pdf

JAWAD, FARIS: Der Marktzugang nach GATT/WTO-Regeln – Anspruch und Wirklichkeit und seine Bedeutung für die (Handelsentwicklung) der Dritten Welt, Bochum 2004 (Hrsg.): Institut für Entwicklungsforschung und Entwicklungspolitik der Ruhr-Universität Bochum, IEE Working Papers 177,

Im Internet: URL: http://dbs.ruhr-uni-bochum.de/iee/download/working_papers_177.pdf [Stand 16-06-2005]

KRUGMAN, PAUL R. / OBSTFELD, MAURICE: (Internationale Wirtschaft): Theorie und Politik der Außenwirtschaft, 6. Auflage – Pearson Studium: München 2004

LIBERALISMUS – FREIHEIT, FREIHANDEL, FRIEDE: im Internet: URL: http://www.liberalismus.at/Geschichte/index.php?name=ricardo [Stand 16-06-2005]

MAKINDA, SAMUEL: (Das Tauziehen um die Spratly-Inseln), in: Internationale Politik – Zeitschrift der Deutschen Gesellschaft für Auswärtige Politik e. V., 10/1995, S. 18.

SALICE-STEPHAN, C. / SALICE-STEPHAN, K.: (Microsoft Encarta 2005)

SINGER, OTTO / LINDNER HELGA S.: Neuorientierung des marktwirtschaftlichen Entwicklungsparadigmas? – (Nach der Finanzkrise in Asien), im Internet: URL: http://www.oeko-net.de/kommune/kommune6-99/TSINGER6.html [Stand 16-06-2005]

STAHR, VOLKER S.: (Die ASEAN) und der Islam: Ist der Islam ein potentiell destabilisierender Faktor für die südostasiatische Staatengemeinschaft ASEAN?, Europäische Hochschulschriften: Reihe 31, Politikwissenschaft; Bd. 293, Peter Lang: Frankfurt am Main 1996

Verlag KLETT – PERTHES: TERRA-ALEXANDER-Datenbank, im Internet: URL: http://www.klett-verlag.de/geographie/terra-extra [Stand 16-06-2005]

WEGGEL, OSKAR: (ASEAN): Regional- und Außenpolitik, in: Bundeszentrale für Politische Bildung – Bonn (Hrsg.): Aus Politik und Zeitgeschichte, No 33 /1984, S. 17-32

ZWEIFEL, PETER / HELLER, HEINZ ROBERT: (Internationaler Handel): Theorie und Empirie, 3. verbesserte Auflage, Physica-Verlag, Heidelberg 1997, S. 138 ff.

Nicole Blaschitz: Golfstaaten und GCC. Wirtschaftspolitische Zusammenarbeit mit der EU

2008

Einleitung

Vor wenigen Jahrzehnten war die Region am Persischen Golf noch relativ unbekannt. Dies änderte sich erst mit der Entdeckung der Erdölvorkommen in diesen Ländern. Zu diesem Zeitpunkt begann der wirtschaftliche und finanzielle Aufschwung in jenen Gebieten. Mittlerweile gehören die Golfstaaten (hier: Bahrain, Kuwait, Katar, Oman, Saudi Arabien, Vereinigte Arabische Emirate) zu den reichsten Ländern der Erde. Eine wirtschaftspolitische Zusammenarbeit mit den Staaten des Golfkooperationsrat (GKR) wäre daher sowohl für die Europäische Union und dem GKR vorteilhaft. Dies liegt vor allem daran, dass die Golfstaaten ca. 28% des Welterdölbedarfs produzieren und 55% der gesamten Erdöl- und Erdgasreserven sich im Persischen Golf befinden.[270] Die Europäische Union importiert derzeit ca. 50% ihres gesamten Energiebedarfs, davon rund 20% aus den Golfstaaten. Die GKR-Mitgliedsstaaten wiederum sind derzeit der sechstgrößte Exportmarkt der EU. Allein aus diesen Tatsachen lässt sich eine enorme Bedeutsamkeit für Kooperationsabkommen zwischen der EU und dem GKR ablesen. Die zwei bis dato wichtigsten Kooperationsabkommen, das „cooperation agreement" aus dem Jahre 1988 sowie Freihandelsabkommen, welches derzeit noch verhandelt wird, werden in dieser Arbeit kurz vorgestellt.

Diese Arbeit ist in drei Hauptbereiche gegliedert. Im ersten Abschnitt werden die Golfstaaten kurz im Einzelnen erläutert, d.h. kurz auf ihre geschichtliche Entwicklung, ihre sozialen und politischen Strukturen und auf ihre wirtschaftlichen Möglichkeiten eingegangen. Im zweiten Teil dieser Arbeit wird der Golfkooperationsrat als internationale Organisation näher erklärt. Im dritten Abschnitt werden dann kurz die zwei oben erwähnten Abkommen zwischen der Europäischen Union und dem Golfkooperationsrat definiert.

Folgende Fragen haben mich zu dieser Arbeit inspiriert:

Welche wirtschaftspolitische Bedeutung hat der GKR für die Golfregion bzw. für die EU?

Welche wirtschaftspolitische Bedeutung hätte ein Freihandelsabkommen zwischen der EU und GKR für jeweils beide Vertragspartner?

Warum konnte in solches Freihandelsabkommen nach 17 Verhandlungsjahren bisher noch nicht abgeschlossen werden?

---

270 Energy information administration (2006), www.eia.doe.gov/emeu/cabs/pgulf.html

Dazu habe ich folgende Hypothesen formuliert, welche im letzten Kapitel verifiziert oder falsifiziert werden.

Hypothese 1:

Aufgrund der mittlerweile weltpolitischen Kompetenz der Golfstaaten vor allem auch im wirtschaftlichen Bereich ist ein Kooperationsabkommen zwischen der EU und dem GKR unumgänglich.

Wie oben bereits erwähnt, sind die EU und der GKR wichtige Handelspartner. Die Vorteile einer Zusammenarbeit im wirtschaftspolitischen Bereich für beide Parteien sind somit unumstritten.

Hypothese 2:

Aufgrund der inneren, strukturellen Bedingungen der Golfregion ist eine bloße Handelsliberalisierung, wie sie das Freihandelsabkommen zwischen der EU und den Mitgliedsstaaten des Golfkooperationsrates vorsieht, unzureichend.

Die Länder der Golfregion sind aufgrund des immensen Reformbedarfs und Konfliktpotential störungsanfällig und ein „Wandel durch Verflechtung" nicht tragfähig. Es bedarf einer umfassenden, kohärenten Gesamtstrategie, die den Strukturwandel der GKR-Staaten in seiner gesamten Komplexität unterstütz. Inbegriffen darin sind beispielsweise die Förderung der Öffnung der Märkte und Deregulierung, Diversifizierung der Wirtschaftsstrukturen, Stärkung der Bildungsangebote und der Humanentwicklung, aber auch Förderung der Kernelemente der Demokratie wie Rechtsstaatlichkeit und Rechtssicherheit sowie eine unabhängige Justiz und Meinungs- und Pressefreiheit.[271] Islamische Werte, politische Entwicklung, Bildung von Nationalstaaten, Kolonialismus, westliche Dominanz, Verbindung zu Großbritannien, Rivalitäten der Fremdmächte, Kalte Krieg, Öl, der Nahostkonflikt, die Golfkriege, die Gründung des Golfkooperationsrats sind einige Punkte, die die politische Komplexität in dieser Region verdeutlichen.[272]

---

271 Loay Mudhoon (2007), 2

272 Stadler Astrid-Maria (2000), 12

Bahrain

Das Königreich Bahrein ist ein aus 33 Inseln bestehender Inselstaat mit insgesamt 688.345 Einwohner (Stand 2005).[273] Das politische System Bahreins ist seit 2002 eine konstitutionelle Erbmonarchie, welche durch die Herrscherfamilie Al Khalifa begründet wird. Die Familie Al Khalifa übernahm 1783 die Herrschaft in Bahrain und verlegte 1796 ihren Sitz von Katar dorthin.

Die Familie Al Khalifa gehört der sunnitischen Glaubensrichtung des Islams an, wogegen der Großteil der Bevölkerung Bahrains der schiitisch-arabischen Glaubensrichtung verbunden ist. Um die Machtposition der Herrscherfamilie in Bahrain zu festigen, mussten die gesellschaftlichen Strukturen zerstört werden. Dies geschah durch die Aneignung des Grundbesitzes all jener, die die Loyalität verweigerten sowie durch die Einführung von Steuern. Die Gebiete, die so erworben wurden, vergab Scheich Hamad bin Isa Al Khalifa an seine Söhne, um so religiöse und richterlicher Kompetenz und Kontrolle über den Inselstaat zu erhalten.[274]

Bahrain erlangte 1973 die Unabhängigkeit von Großbritannien. 2 Jahre später wurde die bahreinische Verfassung verabschiedet, welche unter anderem die Gründung politischer Parteien und die direkte Wahl der „National Assembly" vorsah. Aufgrund von Konflikten zwischen Regierung und Opposition sowie zwischen der schiitischen Mehrheitsbevölkerung und der regierenden sunnitischen Minderheit wurde 1973 die nationale Versammlung wieder aufgelöst. Weiterhin fand eine Suspendierung der in der Verfassung verankerten zivilen Rechte und Freiheiten statt.[275] Erst 1992 wurde die Verfassung von 1973 aufgrund Forderungen der oppositionellen Kräfte wieder in Kraft gesetzt und ein Consultativ Council einberufen. Diesem gehören paritätisch sunnitische und schiitische Abgeordnete an.

Seit 2001 ist das politische System Bahreins ein legislatives Zweikammersystem, welches aus dem Unterhaus und dem Shura Council besteht. Die größte politische Macht geht jedoch nach wie vor vom König aus. Im obliegen die meisten staatlichen Aufgaben, wie beispielsweise die Ernennung und Entlassung des Premiers, Gesetzesinitiativen, Ratifikation, usw.[276] Politische Parteien sind in Bahrain generell verboten. Seit 2005 können

---

273 Europäische Kommission, http://ec.europa.eu/world/where/bahrain/index_de.htm

274 Scholz Fred (Hsg.) (1985), 67

275 Roithner, Anna Katharina (2007), 51

276 Roithner, Anna Katharina (2007), 52

Gewerkschaften, welche sich aber nicht politisch betätigen dürfen, gebildet werden.[277]

Circa 70% der bahreinischen Bevölkerung sind Schiiten und aufgrund der sunnitischen Prägung der Herrscherfamilie oft Gegenstand sozialer Diskriminierungen. Dies betrifft vor allem die Arbeitsplatzsuche. Ende des 20. Jahrhunderts war Bahrein von sozialen Unruhen gekennzeichnet, die mit strikter Unterdrückungspolitik eingedämmt wurden.[278]

Bahrein nutzte seine Erdölressourcen als erster der Golfstaaten. Erst seit der Unabhängigkeit von Großbritannien konnte Bahrein die Einkommen aus Erdölexporten zur Gänze für seine Finanzierung nutzen. Dem folgte ein hektischer Ausbau von Infrastruktur und Siedlungswesen, wodurch jedoch Industrie und die Erdgaswirtschaft ermöglicht wurde.[279]

Kuwait

Das Emirat Kuwait hat mit seinen 2.335.648 Einwohnern (Stand 2005) eine lange parlamentarische Tradition. Das politische System in Kuwait ist auch vielleicht gerade deshalb relativ liberal geprägt.

Mit Ende des 18. Jahrhunderts wurde die Familie Al-Sabah die führende Kraft im heutigen Kuwait.

Der Scheich trägt die Verantwortung für die innere und äußere Sicherheit Kuwaits.[280] Im Laufe des 18. Jahrhunderts wurden Schutz- und Bündnisverträge mit Großbritannien abgeschlossen. Die kuwaitische Gegenleistung bestand darin, dass für jegliche Beziehungen Kuwaits zu anderen Ländern eine Genehmigung von Großbritannien erforderlich war. De facto glichen diese Schutz- und Bündnisverträge jedoch einer britischen Oberherrschaft über dieses Gebiet. Erst 1961 wurden die Abkommen mit Großbritannien beendet und Kuwait ein unabhängiger Staat. Dennoch ist Kuwait nach wie vor auf den Schutz anderer Nationen angewiesen, was vor allem auch der Einmarsch der irakischen Truppen 1990 zeigte. Aufgrund des Abzugs der britischen Truppen aus Kuwait wurde von Emir Abdullah Al Sabah ein Parlament installiert, wobei

---

277 Roithner, Anna Katharina (2007), 52

278 Scholz, Fred (Hsg.) (1985), 62

279 Scholz, Fred (Hsg.) (1985), 93

280 Janzir, Amin (2007), 17

dieses nur geringe Kompetenzen bei der politischen Willensbildung hat.[281] Zum gleichen Zeitpunkt, d.h. Anfang der 70er Jahre, trat Kuwait in die Arabische Liga ein und wurde Mitglied der Vereinten Nationen. In der Zeit des 1. Golfkrieges wurde die Nationalversammlung jedoch wieder aufgelöst und erst Anfang der 90er Jahre wieder errichtet. Seit 1992 werden Parlamentswahlen abgehalten.[282] Trotz der an sich langen parlamentarischen Tradition ist Kuwait autokratisch-oligarchisch geprägt. Die Macht liegt nahezu alleine bei der Herrscherfamilie. Lediglich einige reiche Handelsfamilien haben Einfluss auf die politische Gestaltung des Landes. Zusammen mit konstitutionell orientierten Kräften und den Islamisten, die seit Ende der 90er Jahre die stärkste Kraft im kuwaitischen Parlament sind,[283] bilden diese die Opposition im politischen System Kuwaits.[284] Ende der 1980er Jahre kam es zu großen wirtschaftlichen Problemen in Kuwait, welche sich zum einen auf den Zusammenbruch der inoffiziellen Börse, zum anderen aber auch auf den Einbruch der Erdölpreise Mitte der 1980er Jahre zurückführen lässt.[285] Auch in Kuwait gibt es keine Parteien, jedoch aber soziale Vereine und Clubs, welche parteiähnliche Aufgaben wahrnehmen.[286] Die journalistische Berichterstattung in Kuwait ist jedoch, im Vergleich zu den anderen Mitgliedsstaaten des Golfkooperationsrates relativ frei.[287]

Auch Kuwait ist auf internationale Unterstützung angewiesen. So pflegt Kuwait beispielsweise enge Beziehungen mit den USA und Großbritannien. Vor allem die USA binden Kuwait in ihre „Dual-Containment-Politik gegen den Iran und Irak ein und haben daher eine starke militärische Präsenz."[288]

Die kuwaitische Wirtschaft basiert heute fast ausschließlich auf Erdöl und Erdgas.[289] Ziel der Regierung Kuwaits ist es, den Reichtum durch das Erdöl auf die Bevölkerung zu verteilen. So wurde Kuwait unter Scheich Abdullah Al

---

281 Roithner, Anna Katharina (2007), 57

282 Stadler, Astrid-Maria (2005), 153

283 Roithner, Anna-Katharina (2007), 58

284 Stadler, Astrid-Maria (2005), 154 und vgl. Roithner Anna Katharina (2007), 58

285 Roithner, Anna-Katharina (2007), 58

286 Roithner, Anna Katharina (2007), 58

287 Roithner, Anna Katharina (2007), 13

288 Stadler, Astrid-Maria (2005), 155

289 Janzir, Amin (2007), 19

Sabah zu einem perfekten Wohlfahrtsstaat.[290] Das Emirat besitzt ca. 10% der Erdölweltreserven und die Einnahmen aus dem Erdöl decken ca. 80- 90% der Staatseinnahmen ab.[291] Da der kuwaitische Markt für eine verarbeitende Industrie zu klein ist und eine Abhängigkeit von Grundstoffimporten besteht, ist ein Ausbau der Industrie eigentlich nur im Bereich der Petrochemie möglich. Um diese Defizite auszugleichen hat die kuwaitische Regierung umfangreiche Auslandsinvestitionen getätigt. Die absolute Mehrheit der Bevölkerung Kuwaits stellen Gastarbeiter dar, da die Bevölkerung sich Großteils weigert manuelle Arbeiten zu verrichte. Genau diese Konstellation bringt aber große soziale und gesellschaftliche Differenzen mit sich, was sich vor allem in der Wohnungspolitik sichtbar wird.[292]

Oman

Das Sultanat Oman ist eine absolute Monarchie, dessen Entwicklung unabhängig von anderen Golfstaaten stattgefunden hat. Seit 1749 begründet die Familie Al Bu Said den absoluten Herrschaftsanspruch. Der Sultan in Oman ist gleichzeitig Staatsoberhaupt und Regierungschef, wodurch sich die faktische Macht bei ihm konzentriert.

Die Herrschaft des Sultans wird von oppositionellen Kräften kaum in Frage gestellt und Oman ist daher innenpolitische relativ stabil.[293] Der Oman stand nie offiziell unter britischen Protektorat, die zwei Länder pflegte jedoch eine „special relationship" welche auf gegenseitige Übereinkünfte basierte.[294] Ein einseitiger Einfluss von außen, d.h. von Seiten Großbritanniens, auf das politische System Omans war so kaum gegeben.

Oman hat ein „Zwei-Kammern-Parlament", welches aus dem Oberhaus, dem „State Chamber" und dem Unterhaus, dem „Majlis al-Shura" besteht. Die Mitglieder des Oberhauses werden vom König ernannt, während die Mitglieder des Unterhauses direkt vom Volk gewählt werden. Seit 1992 haben Frauen das passive Wahlrecht, seit 1997 das aktive Wahlrecht. Auch in Oman sind keine Parteien zugelassen.[295]

---

290 Janzir, Amin (2007), 19

291 Janzir, Amin (2007), 19

292 Scholz, Fred (Hsg.) (1985), 121

293 Roithner, Anna Katharina (2007), 60

294 Roithner, Anna Katharina (2007), 60

295 Roithner, Anna Katharina (2007), 60

Die wirtschaftliche Grundlage Omans basiert nicht nur auf Erdöl- und Erdgasreichtum, sondern auch auf den Möglichkeiten für Bewässerungslandwirtschaft, nomadischen Viehhaltungen und Lagerstätten mit Kupfererzen und anderen Rohstoffen. Zusätzlich verfügt Oman noch über eine alte Handelstradition und hoch entwickelten Handwerk. Die wirtschaftliche Lage Omans ist so durchaus vielfältiger und stabiler geprägt, als jene der anderen Mitgliedsstaaten des Golfkooperationsrates.[296]

„Das Aufblühen der Erdölindustrie und die ökonomische, politische Öffnung des Sultanats 1970 führten das Land international in das arbeitsteilige Weltwirtschaftssystem". Jedoch haben sich auch im Laufe der Zeit in Oman die Bedingungen geändert. Vor allem billigere Importprodukte, stetig wachsendes Einkommensniveau und dem steigenden Arbeitsinteresse im sekundären und tertiären Sektor, zwang Oman zum Einsatz von ausländischen Arbeitskräften im primären Sektor.[297]

Saudi Arabien

Saudi Arabien hat für die arabischen Staaten eine besondere Bedeutung, da sich dort die heiligen Stätten von Mekka und Medina befinden. Die Moslems Saudi Arabiens haben die Religion fest in ihrem Alltag verankert und so eine andere Einstellung zum Islam als andere Muslime.[298].

Saudi Arabien umfasst mit seinen 26.417.599 Einwohnern ca. 4/5 des gesamten Gebietes des Golfkooperationsrates. Saudi Arabien hat eine Schlüsselrolle im Golfkooperationsrat, da es das erdölreichste Land aller Staaten des Golfkooperationsrates ist und den Anspruch als Stabilitätsmacht am Golf geltend machte. Aber gerade diese Stabilitätsmacht wurde immer wieder in Frage gestellt, vor allem aufgrund der strukturellen Schwächen des Königreiches, welche sich vor allem in einer gewissen Rückständigkeit und in einem verknöcherten konservativen politischen System niederschlagen.[299]

1744 wurde von Muhammad Ibn Saud und Scheich Muhammad Ibn Abd al-Wahhab das erste saudische Emirat gegründet. Das heutige Saudi Arabien findet seinen Ursprung aber in der Rückeroberung Riads durch Abd al-Aziz Ibn Saud im Jahre 1902. 1932 wurde dann das saudische Königreich proklamiert und ist

---

296 Scholz, Fred (Hsg.) (1985), 122

297 Scholz, Fred (Hsg.) (1985), 164

298 Stadler Astrid-Maria (2000), 79 f

299 Stadler Astrid-Maria (2000), 80

seitdem von einer absoluten Monarchie geprägt, die ebenso, wie in den anderen Mitgliedsstaaten des Golfkooperationsrates, politische Parteien verbietet, Medien zensiert und keine direkten Wahlen vorsieht.[300]

Saudi Arabien befand sich nie unter westlicher Kontrolle und die politische Herrschaft rechtfertigte sich immer durch die Religion, vor allem wegen der Stätten Mekka und Medina. In Saudi Arabien besteht eine enge Verflechtung zwischen staatlichen und religiösen Institutionen, sodass religiösen Einrichtungen in bestimmten Themenbereichen, wie Sozialpolitik und Erziehungswesen ein politisches Mitspracherecht zusteht.[301]

Wie schon erwähnt, hat Saudi Arabien die meisten Erdölreserven aller Golfkooperationsratsmitgliedsstaaten. Jedoch sind die wirtschaftlichen Boomzeiten aufgrund großer Waffenkäufe, jahrzehntelanger Verschwendung der Ölrente und der finanziellen Folgen des Golfkrieges von 1991 vorbei. Mittlerweile umfasst die Verschuldung Saudi Arabiens 15% des Bruttoinlandsproduktes.[302]

Vereinigte Arabische Emirate (VAE)

Die Vereinigten Arabischen Emirate sind mit ihren 2.563.212 Einwohnern (Stand 2005) nach Saudi Arabien die weltweit traditionellste und absoluteste Monarchie. Die Vereinigten Arabischen Emirate wurden 1971 gegründet und setzen sich aus mehreren Teilemiraten, Abu Dhabi (Hauptstadt), Dubai, Sharjah, Ras al-Khaimah, Fujairah, Umm al Qaiwain und Ajman, zusammen.

Als Gründer der Vereinigten Arabischen Emirate gilt Scheich Zayed bin Sultan al-Nahayan. Grundsätzlich verfügen die VAE über ein ausgefeiltes institutionelles System, wobei aber alle wichtigen Entscheidungen von den herrschenden Familien der Teilemirate ausgehen. Abu Dhabi hat hierbei den größten Einfluss.

Die Mitglieder der VAE weißen durchaus nennenswerte Unterschiede in Struktur, Wirtschaftskraft und gesellschaftlichen Bedingungen auf. Vor allem sind hier die Erdölreserven zu nennen. Fujairah z.B. verfügt über keine Erdöl- und Erdgasvorkommen, wogegen Abu Dhabi und Sharja über solche verfügen. 80% der Gesamtfläche der Vereinigten Arabischen Emirate umfassen Abu Dhabi und Dubai, die auch die VAE dominieren. Abu Dhabi ist Motor der

---

300 Roithner, Anna Katharina (2007), 63

301 Roithner, Anna Katharina (2007), 62

302 Roithner, Anna Katharina (2007), 63

Integration der Vereinigten Arabischen Emirate wohingegen Dubai als wirtschaftliches Zentrum anzusehen ist.[303]

Erst seit 1996 verfügen die VAE über eine dauerhafte Verfassung. Zuvor wurde die Verfassung alle 5 Jahre erneuert. In der neu geltenden ist nun auch Abu Dhabi als Hauptstadt der VAE bestimmt sowie Regelungen enthalten, die die Kompetenzen der einzelnen Teilemirate und der Zentralregierung festlegen. Die Scheichtümer behalten ihre Souveränität im Inneren wobei für die Außen-, Finanz- und Sicherheitspolitik die Vereinigten Arabischen Emirate als Einheit zuständig sind.

Die Vereinigten Arabischen Emirate weißen bis heute eine beachtliche interne Stabilität auf und haben mittlerweile ein großes außenpolitisches Gewicht erhalten.[304]

Katar

Katar hat ca. 863.051 (Stand 2005)[305] Einwohner und ist ein absolutistisch regierter Kleinstaat. Seit Beginn des 18. Jahrhunderts wird Katar von der Familie Al-Thani regiert.[306] Erst Anfang der 70er Jahre ließen sich die ersten Schritte in Richtung Demokratisierung erkennen. Erstmals wurde eine Verfassung verabschiedet, in welcher sowohl das Prinzip der Gewaltenteilung verankert wurde sowie die Einrichtung eines „Advisory Council" vorgesehen war. Da jedoch die Verfassung nicht voll in Kraft getreten war, dominiert weiterhin der autokratische Führungsstil der Al-Thani Familie. Ohnehin war für den „Advisory Council" nur eine beratende Funktion vorgesehen, d.h. er ist grundsätzlich als eine unverbindliche Diskussionsrunde zu definieren.[307]

1995 kam es zu Veränderungen im politischen System Katars. Während der Abwesenheit des Emirs ergriff sein ältester Sohn die Macht und erklärte sich selbst zum Staatsoberhaupt. Erst durch ihn wurden 1999 die ersten demokratischen Wahlen sowie das aktive und passive Wahlrecht der Frauen eingeführt. Seit 2003 verfügt Katar auch über eine permanente Verfassung die

---

303 Roithner, Anna Katharina (2007), 65

304 Scholz, Fred (Hsg.) (1985), 225

305 http://ec.europa.eu/world/where/qatar/index_de.htm#

306 Roithner, Anna Katharina (2007), 54

307 Roithner, Anna Katharina (2007), 55

die absolute Monarchie in eine konstitutionelle Monarchie, die weiterhin auf Erblichkeit basiert, transformierte.[308]

Katar verwandelte sich binnen dreier Jahrzehnte von einem der ärmsten arabischen Nationen in das zweitreichste Land der Erde, in einen modernen Wohlfahrtsstaat mit breit gefächerter Infrastruktur.[309]

---

308 Roithner, Anna Katharina (2007), 55

309 Scholz, Fred (Hsg.) (1985), 188

Golfkooperationsrat

Entstehung

Der Golfkooperationsrat wurde am 25. Mai 1981 von 6 Staaten der arabischen Halbinsel, Bahrain, Kuwait, Oman, Katar, Saudi Arabien und den VAE gegründet. Der Zusammenschluss der sechs kleinen Golfstaaten wurde durch Gemeinsamkeiten der heutigen GKR-Mitgliedsstaaten erleichtert. Zum einen sind hier die gemeinsame Sprache und Religion, zum anderen ähnliche soziale und gesellschaftliche Strukturen, Standards für die ökonomische Entwicklung, politische Systeme und die geographische Lage zu nennen.[310]

Solange das britische Protektorat über die Golfstaaten (mit Ausnahme Saudi Arabiens, welches immer unabhängig war) bestand, gab es keine Notwendigkeit einer regionalen Kooperation.[311] Erst mit Ende der britischen Vorherrschaft und aufgrund zweier Ereignisse, die den Anstoß hierzu gaben, versuchten die 6 Golfstaaten einen regionalen Kooperationsmechanismus zu entwickeln, in dessen Vordergrund die sicherheits- und verteidigungspolitische Dimension stand. Jene zwei erwähnten Ereignisse führten zu nationalen Veränderungen innerhalb der Golfregion. Zum einen sind hier die Veränderungen im internationalen Ölmarkt zu nennen, welche die Region ab den 1960er Jahren wirtschaftlich aufgewertet hatten. Zum anderen ist auch das Abbröckeln der westlichen Kontroll- und Einflussmöglichkeiten in der Region ein ausschlaggebender Grund hierfür gewesen. Vor allem durch die Entdeckung der Erdölreserven in der Golfregion erlangten die Golfstaaten eine weltpolitische Bedeutung. Hierdurch wurde jedoch auch die Sicherheit in den betreffenden Staaten deutlich beeinträchtigt. Die wachsende Zersplitterung und Instabilität der Politik in den Golfstaaten wurde durch die iranische Revolution und ihre regionalen Auswirkungen verdeutlicht. Somit kann man die iranische Revolution als ersten und wichtigsten Katalysator für die Entwicklung einer regionalen politischen Zusammenarbeit zwischen den sechs Golfstaaten sehen. Durch die iranische Revolution wurde die innenpolitische Ordnung der konservativen, traditionellen Monarchien gefährdet, sodass auch die amerikanischen Sicherheitsgarantien, die bis zu diesem Zeitpunkt gegeben waren, nicht mehr ausreichten.[312] Unabhängig davon war die Zusammenarbeit

---

310 Sandwick, John A. (1987), 7

311 Sandwick, John A. (1987), 8

312 Maull Hanns W. (1985) in Fred Scholz, 171

zwischen den USA und den Mitgliedsstaaten des Golfkooperationsrates aufgrund zweier Faktoren schon länger problematisch. Die USA kooperierte mit Israel und hatte zusätzlich erklärt, ihre Interessen in den Golfstaaten notfalls auch mit Gewalt durchzusetzen. So fühlten sich die Golfstaaten von der amerikanischen Politik in ihrer Handlungsfreiheit und Souveränität bedroht. Das Machtvakuum, welches durch die iranische Revolution und die sowjetische Invasion entstanden ist, wurde zunächst von den USA gemeinsam mit Saudi Arabien und dem Schah von Persien aufgefüllt. Diese Sicherheitsgarantie erwies sich während der iranischen Invasion aber nicht mehr als stabil. Somit standen die konservativen Golfstaaten vor der Notwendigkeit diese Sicherheits-problematik zu lösen. Es bestand weiterhin die Möglichkeit weiterhin mit den USA zu kooperieren, was aber aufgrund der oben genannten Gründe nicht mehr wünschenswert war. Daher blieb grundsätzlich nur mehr jene Lösung über, die schlussendlich zu einer regionalen Zusammenarbeit in der Sicherheits- und Verteidigungspolitik geführt hat, die nunmehr der Golfkooperationsrat wahrnimmt.[313] Dieser Weg wurde zusätzlich durch die positive Entwicklung der Ölindustrie in den Golfstaaten unterstützt. Diese brachte den GKR-Mitgliedsstaaten sowohl wirtschaftliche und finanzielle Unabhängigkeit als auch die Möglichkeit zur unabhängigen Souveränität.[314]

Schon zum Zeitpunkt des Rückzugs Großbritanniens aus der Golfregion zu Beginn der 70er Jahre fanden intensiven Beratungen und Verhandlungen über einen regionalen Zusammenschluss der Golfstaaten statt.[315] Im Jahre 1971 wurde das Dubai Agreement zwischen Bahrein, Katar und den 7 Scheichtümern Abu Dhabi, Dubai, Sharjah, Ajman, Ras al Kahimah, Fujairah und Umm al Quwain abgeschlossen. Es handelte sich hierbei um eine regionale Föderation bzw. Union.[316] 1976, aufgrund einer Initiative des Omans, fand ein Treffen der Außenminister von Iran, Irak, Kuwait, Bahrein, Katar, Vereinigten Arabischen Emiraten und Saudi Arabien statt, um den Vorschlag einer koordinierten regionalen Sicherheits- und Verteidigungspolitik zu diskutieren. Jedoch blieb dieses Treffen aufgrund der unterschiedlichen nationalen Vorstellung ohne Ergebnis.[317] In dieser Zeit gab es dennoch eine Reihe von funktionellen

---

313 Maull Hanns W. (1985) in Fred Scholz, 172

314 Sandwick, John A (1987), 8

315 Maull Hanns W. (1985) in Fred Scholz, 174

316 Sandwick, John A (1987), 8

317 Sandwick, John A (1987), 9

Zusammenschlüssen, wie OAPEC und deren Unterorganisation „Gulf Organization for Industrial Consulting", die Fluglinie „Gulf Air" und andere privatwirtschaftliche und zwischenstaatliche Gemeinschaftsunternehmen.[318]

Dennoch konnte erst im Frühjahr 1981, genauer am 25. Mai 1981, nach einer Reihe von Konferenzen der Außenminister der oben erwähnten Staaten, der Golfkooperationsrat gegründet werden. Die Ziele des Golfkooperationsrates sind der Schutz vor internen Unruhen, Schutz vor externen Bedrohungen, die Absicherung des Status quo im Golf, die wirtschaftliche Zusammenarbeit, die Abstimmung und Koordination der Märkte, eine gemeinsame Außen- und Verteidigungspolitik sowie die Angleichung des Rechtswesens.[319]

Struktur (Organe und Aufgaben) des GKR

„Out of their realization that special relations, characteristics and similar regimes link them; out of their belief in the importance of establishing close coordination in all spheres, expecially the economic and social ones; out of their belief in common destiny and unity of objectives; and out of their desire to realize coordination, integration and closer relations in all spheres, the UAE (United Arab Emirats), the State of Bahrein, the Kingdom of Saudi-Arabia, the Sultanate of Oman, the State of Qatar and the State of Kuwait have decided to establish an organization that will deepen and bring closer relations, ties and cooperation among its members in various spheres. The organization shall be called the Co-operation Council for the Arab States of the Gulf. Its headquaters will be in Riyad, Saudi-Arabia. The Council will be the vehicle by means of which the maximal extent of coordination, integration and closer relations shall be realized. It shall also draw up regulations covering the economy, finance, education, culture, social affairs, health, communications, information, passports and nationality, travel, transport, trade, customs, haulage and legal and legislative affairs"[320]

Aus dieser Definition des Golfkooperationsrates lässt sich ein sehr breites Aufgabenfeld ableiten. In der Golfkooperationsratscharta sind wohl die Organe des GKR aufgezählt, die Aufgaben aber nur kurz angeschnitten.[321]

---

318 Maull, Hanns W. (1985) in Fred Scholz, 174

319 Maull, Hanns W. (1985) in Fred Scholz, 173

320 Ryadh Home Service1981, zit. in: Braun 1986, 28, zit. in: Roithner, Anna Katharina (2007), 90

321 Roithner, Anna Katharina (2007), 90

Die wichtigsten Organe des Golfkooperationsrates sind demnach

- Oberste Rat der Staatschefs
- Ministerkonferenz der Außenminister (Ministerrat)
- Tagungen anderer Fachminister
- Sekretariat unter Leitung eines Generalsekretärs[322]
- Kommission zur Konfliktlösung oder Schlichtungskommission[323]

Der oberste Rat ist das höchste Organ im GKR. Er setzt sich aus den Staats- und Regierungschefs der Mitgliedsstaaten zusammen und gibt generelle Linien der gemeinsamen Politik der Golfstaaten vor. Die Treffen des obersten Rates finden jährlich, mit Ausnahme von Notfallsitzungen, statt. Dem obersten Rat sitzt ein Präsident vor, der nach einem jährlichen Rotationsprinzip bestimmt wird.[324] Laut Artikel 10 der Golfkooperationsratscharta ist dem obersten Rat eine Schlichtungskommission beigeschlossen, welche konfliktbereinigende Aufgaben wahrnimmt. Diese Kommission zur Konfliktlösung muss sich den Regelungen der Golfkooperationsratscharta, dem islamischen Recht, den Grundsätzen der Scharia und dem internationalen Recht unterordnen, d.h. sie darf jenen Rechtsgrundlagen nicht widersprechen.[325]

Die Aufgaben des obersten Rates sind:

- Ernennung des Generalsekretärs
- Änderung der Golfkooperationsratscharta
- Erstellung des Budgets des Generalsekretariats

Der Ministerrat, bestehend aus den Außenministern der Mitgliedsstaaten, ist das Arbeitsorgan des Golfkooperationsrates. Er tritt alle drei Monate zusammen um Themenbereiche, wie Industrie-, Öl- oder Finanzangelegenheiten, zu bearbeiten.[326] „Im Ministerrat werden Empfehlungen, Studien, Gemeinschaftsprojekte und Ziele der Staatsführung diskutiert, Gesetze entworfen und für die Abstimmung im Obersten Rat vorbereitet."[327] Die Entscheidungen werden im Ministerrat, aufgrund traditioneller arabischer Auffassungen, einstimmig

---

322 Maull, Hanns W. (1985) in Scholz Fred, 174

323 Stadler, Astrid-Maria (2000), 95

324 Roithner, Anna Katharina (2007), 98

325 Stadler, Astrid-Maria (2000), 96

326 Roithner, Anna Katharina (2007), 100

327 Stadler, Astrid-Maria (2000), 97

beschlossen. Wie in vielen anderen Organisationen auch führt dies oftmals zu Zeitverzögerungen[328], welche eine effektive und effiziente Arbeitsweise im Golfkooperationsrat erschweren.

Das Generalsekretariat teilt sich in verschiedene Sektionen:

- Politische Angelegenheiten
- Ökonomische Angelegenheiten
- Militärische Angelegenheiten
- Soziales und Umwelt
- Rechtliche Belange
- Finanzen und Administratives[329]

Das Generalsekretariat unterstützt die Mitgliedsstaaten bei der Implementierung von Empfehlungen des Obersten Rates oder des Ministerrats. Es hat vor allem eine koordinierende, protokollierende und organisierende Funktion.[330]

Wirtschaftliche und politische Dimensionen des GKR

Im Folgenden soll kurz auf zwei Politikfelder des Golfkooperationsrates eingegangen werden, die sowohl für die regionale Entwicklung als auch für die Beziehungen zwischen der Europäischen Union und des Golfkooperationsrates wichtig sind. Zum einen handelt es sich um das Politikfeld „Sicherheit und Verteidigung" und zum anderen um die wirtschaftlichen Möglichkeit der Golfregion. Wie Eingangs schon erwähnt stellen sowohl die Sicherheit und Verteidigung als auch die Wirtschaftliche Möglichkeiten primäre Gründe für die Gründung des Golfkooperationsrates dar.

Sicherheits- und Verteidigungspolitik

Aufgrund der internen und externen Bedrohungen, wie bspw. die iranische Revolution oder die irakischen Ambitionen, den Golfkriegen sowie die Entwicklung der Golfregion als Ölmacht entstanden neue Herausforderungen für die Mitgliedsstaaten des Golfkooperationsrates.[331] Obwohl in der Charta des Golfkooperationsrates der Bereich der Sicherheits- und Verteidigungspolitik nicht erwähnt wird, stellen diese Politikfelder dennoch einen zentralen Bereich

---

328 Stadler, Astrid-Maria (2000), 97

329 Roithner, Anna Katharina (2007), 100 f

330 Stadler, Astrid-Maria (2000), 98

331 Stadler, Astrid-Maria (2000), 110

der Zusammenarbeit dar.[332] Aufgrund des entstandenen Machtvakuums durch den Rückzug Großbritanniens blieb nur mehr die Notwendigkeit einer interregionalen Zusammenarbeit der 6 Golfstaaten. Um Provokationen Irans und Iraks zu verhindern, beschränken sich die Golfstaaten in ihrer Formulierung bezüglich der Sicherheits- und Verteidigungspolitik auf eine Kooperationsformel, die keinen Aufruhr erregt. So wurde grundsätzlich als oberstes Ziel eine Zusammenarbeit auf wirtschaftlicher und technischer Ebene vereinbart.[333] Seit der Gründung des Golfkooperationsrats bestehen Versuche in Richtung einer gemeinsamen Außen- und Sicherheitspolitik. Im Laufe der Zeit wurden Verteidigungskonzepte erarbeitet, Aufrüstungsprogramme beschlossen und Verteidigungstruppen eingerichtet.[334] Im Jahre 1991 wurde die sogenannte Damaskus-Deklaration unterzeichnet, aufgrund welcher syrische und ägyptische Truppen zum Schutz der Golfregion in den Golfstaaten stationiert wurden. Als Gegenleistung wurde Syrien und Algerien wirtschaftliche Unterstützung im Rahmen finanzieller Hilfe zugesichert. Das Vertrauen in dieses Abkommen war von Seiten der Golfregion jedoch nur sehr gering, sodass schlussendlich noch im selben Jahr die Truppen wieder abgezogen wurden.

Nur langsam lassen sich Fortschritte im Bereich der gemeinsamen Verteidigungspolitik der sechs Golfstaaten erkennen. Erst 1997 einigten sich die Mitglieder auf eine Koordinierung ihrer Kommunikations- und Sicherheitsnetzwerke. Später wurden noch gemeinsame Radar-, Frühwarn- und Luftabwehrsysteme beschlossen, wobei aber die Golfstaaten aufgrund ihrer geringen personellen Ausstattung nach wie vor auf Sicherheitsleistungen und Hilfe der USA und Großbritannien angewiesen sind.[335] 2000 wurde auf dem Gipfel von Manama eine Verteidigungsabkommen der sechs GKR-Staaten beschlossen, welches einen Schritt zur Unabhängigkeit von außen bezüglich der Verteidigung vor externen Einflüssen darstellt. Durch dieses Abkommen sind die GKR-Staaten zur gegenseitigen Hilfestellung bei Angriffen verpflichtet.[336] Aufgrund der neuen Herausforderungen, wie beispielsweise Terrorismus, wurde 2003 auf dem 22. Gipfeltreffen des Golfkooperationsrates ein oberster

---

332 Roithner, Anna Katharina (20007), 104

333 Stadler, Astrid-Maria (2000), 99

334 Roithner, Anna Katharina (2007), 104

335 Roithner, Anna Katharina (2007), 105 f

336 Roithner, Anna Katharina (2007), 106

Versicherungsrat gegründet sowie die Streitkräfte der „Peninsula Shield" ausgebaut.[337]

Die Sicherheitsstrategie der Golfstaaten wird heutzutage vor allem von 3 Komponenten geprägt:

- Self-reliance
- Regional balancing
- The countries' „western connection

„Neben der sicherheitspolitischen Strategie des Vertrauens auf die eigenen Verteidigungskräfte und auf die regionale Balance, spielt für die GKR-Staaten die militärische Hilfe der USA eine äußerst bedeutende Rolle"[338]

Wichtig für die Golfstaaten ist jedoch nicht nur der Schutz vor externer Bedrohung sondern auch die Aufrechterhaltung der Sicherheit und Stabilität im Inneren. So wurde bereits 1982 ein Abkommen betreffend der inneren Sicherheit der Golfstaaten beschlossen. Unter anderem wurde in diesem Abkommen geregelt, dass die Bürger sich nicht in interne Angelegenheiten einmischen dürfen umso interregionale Konflikte zu vermeiden.[339]

Zusammenfassend lässt sich sagen, dass die Sicherheitspolitik der GKR-Staaten, obwohl sie als eine Domäne der Nationalstaaten angesehen wird, im Entscheidungsprozess des Golfkooperationsrates eine besondere Stellung einnimmt. Aufgrund der geringen Kapazitäten der Golfstaaten im militärischen Bereich sind sie nach wie vor auf Hilfe von außen angewiesen, was jedoch auch die Angst eines Souveränitätsverlusts mit sich führt. Vor allem der Iran-Irak-Krieg gab schlussendlich den Anstoß zur Kooperation der Golfstaaten in jenem Bereich. Wobei jedoch gesagt werden muss, dass die militärische Zusammenarbeit der GKR-Staaten vor allem in Krisenzeiten hoch geschrieben wird, wohingegen jedoch in Zeiten des „Friedens" es manchmal so danach aussieht, dass die Motivation zur verstärkten Zusammenarbeit fehlt. Durch die Zusammenarbeit mit den USA und Großbritannien werden zwar den internen

---

337 Bundesministerin für auswärtige Angelegenheiten (2001), Außenpolitischer Bericht 2001; www.bmeia.gv.at/fileadmin/user_upload/bmeia/media/2-Aussenpolitik_Zentrale/174_apb01dt.pdf, 60/404

338 Roithner, Anna Katharina (2007), 108

339 Roithner, Anna Katharina (2007), 108

und externen Bedrohungen Einhalt gewährt, jedoch aber auch die Pläne der Sicherheits- und Verteidigungspolitik der Golfstaaten untergraben.[340]

Wirtschaftspolitik

Vor allem die wirtschaftliche Entwicklung der Golfstaaten, die sich auf die Erdöl- und Erdgasvorkommen zurückführen lässt, hat den Staaten des GKR zu einer weltpolitischen Bedeutung verholfen. Neben der Sicherheits- und Verteidigungspolitik war dies ebenso ein Antriebsgrund zur regionalen Kooperation und somit auch ein Entstehungsgrund des Golfkooperationsrates. Als Impuls für die verstärkte wirtschaftliche Zusammenarbeit kann man die Ölpreise 1973/1974 ansehen. Vor allem die Mängel in der Infrastruktur brachten die Notwendigkeit einer regionalen Kooperation mit sich.[341] Ziel der Wirtschaftsintegration im Golf ist es, die Arbeitsteilung zu intensivieren, die Gesamtproduktion und den Wohlstand zu erhöhen.[342] Das ökonomische Interesse der GKR-Staaten liegt mit Ausnahme von Kuwait, nicht mehr nur ausschließlich auf der Erdöl- und Ergasindustrie. So kam es, dass die kleinen Golfstaaten Investitionen im Ausland tätigten und Aktien kauften. Sie betreiben mit hohem staatlichem Aufwand eine Industrialisierung und fördern den Aufbau moderner agrarischer Großbetriebe sowie einen vom privaten Sektor favorisierten Handel. Der Hauptgrund liegt darin, die Abhängigkeit vom Erdöl zu schwächen und neue Einkommensquellen zu gewinnen.

Zum Zeitpunkt der Gründung des GKR wurde ein „Unified Economic Agreement" unterzeichnet, welches die vertragliche Basis der Kooperation der Golfstaaten im wirtschaftlichen Bereich festigte. Als Ziele wurden in diesem Abkommen definiert:

- Einheitliche Wirtschaftsplanung und Währung
- Formierung eines gemeinsamen Blocks in internationalen Wirtschaftsverhandlungen
- Koordinierung der Industrie-, Öl- und Entwicklungspolitik
- Gemeinsame Währung und Bank- und Finanzpolitik
- Freizügigkeit von Personen-, Kapital- und Gütertransfer[343]

---

340 Roithner, Anna Katharina (2007), 110

341 Stadler, Astrid-Maria (2000), 120

342 Stadler, Astrid-Maria (2000), 121

343 Roithner, Anna Katharina (2007), 111

Das „unified economic agreement soll die Ziele der Charta vollziehen. In dieser Vereinbarung sind die Details der Ausführung, Regelungen und Bestimmungen über die Koordination der Wirtschaft, sowie eine einheitliche Finanz-, Wirtschafts-, Geld-, Industrie- und Handelspolitik enthalten.[344]

2001, auf dem Gipfel von Muskat, wurde das „Unified Economic Agreement" durch das „Economic Agreement between the States of the Cooperation Council" ersetzt. In dieser Vereinbarung wurde unter anderem die Umsetzung einer gemeinsamen Währungsunion bis 2010 beschlossen. Zusätzlich enthält diese Vereinbarung Regelungen über die Arbeit im privaten und Regierungssektor, der Sozialversicherung und Pensionen, der Bildung und der Gesundheit, etc.[345] Mit 1.1.2003 tritt die Zollunion des Golfkooperationsrates in Kraft, um so die oben angesprochene Gütertransferfreiheit zu gewährleisten.[346]

Trotz der Bestrebungen im wirtschaftlichen Bereich ist der intraregionale Handel im Golf sehr gering. Dies lässt sich zum einen auf bürokratische Hürden und zum anderen auf die wenig diversifizierten ökonomischen Strukturen in den Golfstaaten zurückführen. Für die weitere wirtschaftliche Entwicklung der Golfstaaten ist es wichtig, die Abhängigkeit von der Erdöl- und Erdgasproduktion einzuschränken und neue Sektoren, wie den sekundären und tertiären Sektor, zu fördern.

Die Ölpolitik in den Golfstaaten gestaltet sich seit 1994 als einheitliche Ölstrategie der Mitgliedsstaaten des GKR. Die Golfstaaten sind darum bemüht, eine Koordinierung der Energiepolitik der Mitgliedsstaaten und Strategien für den Schutz der Erdölförderanlagen gegen terroristische Anschläge zu entwickeln.[347]

Bis 2010 soll die einheitliche Währungsunion vollzogen werden, um so die ökonomische Integration zu verstärken, zu vereinfachen und um Handelsschranken abzubauen. 2005 haben die Golfstaaten in Anlehnung an die Maastricht- Kriterien der Europäischen Union Konvergenzkriterien eingeführt. Um eine einheitliche Währungspolitik betreiben zu können, ist es notwendig eine kohärente Budget- und Wirtschaftspolitik zu haben. Wie oben schon

---

344 Sandwick John A (1987), 72

345 Roithner, Anna Katharina (2007), 112

346 Bundesministerin für auswärtige Angelegenheiten (2001), Außenpolitischer Bericht 2001; www.bmeia.gv.at/fileadmin/user_upload/bmeia/media/2-Aussenpolitik_Zentrale/174_apb01dt.pdf, 60/404

347 Roithner, Anna Katharina (2007), 113

beschrieben, kommen die Ähnlichkeiten der Strukturen der einzelnen Golfstaaten dem sehr entgegen. Ein Hindernis in der Umsetzung könnte jedoch der Zweifel der Golfstaaten selbst an diesem Schritt sein. Viele, auch Experten, sind der Ansicht, eine einheitliche Währungspolitik würde gleichermaßen, wenn nicht sogar leichter, als Mittel zum Zweck zum Ziel führen.[348]

Gesellschaftliche und soziale Dimension des GKR

Wie oben schon erwähnt, ist nicht nur die äußere sondern auch die innere Sicherheit ein wichtiges Anliegen des GKR. Dies lässt sich vor allem auf einen hohen Anteil an ausländischen Arbeitnehmer zurückführen sowie auf die Differenzen zwischen der sunnitischen und schiitischen Bevölkerung.

Der schnelle wirtschaftliche Aufschwung der Golfstaaten brachte einen enormen Zustrom an Gastarbeitern mit sich. In Katar, Kuwait und den Vereinigten Arabischen Emiraten bilden die ausländischen Gastarbeiter sogar die Mehrheit der Bevölkerung. Dies führt immer wieder zu sozialen Diskriminierungen der Gastarbeiter, welche sich vor allem in der Arbeitsplatz- und Wohnungssuche niederschlagen.

Die islamische Religion in den arabischen Staaten bringt weitere Hindernisse mit sich. Die Hauptreligion in den arabischen Golfstaaten ist der Islam, welcher sich in 2 Glaubensrichtungen spaltet, den sunnitische und den schiitische Islam.[349] Diese Konstellation bringt oftmals Differenzen und Konflikte mit sich. „In der gegenwärtigen politischen islamischen Ideologie wird der Islam sowohl als politische Identität als auch als Rahmen einer islamischen politischen Gemeinschaft dargestellt und darüber hinaus als ein politisches System interpretiert."[350] Das klassische politische Denken des Islams kreist um religiöse Quellen der Politik, sodass beispielsweise die Herrscher durch die Schari'a qualifiziert werden. Somit wirken die islamischen Schriften als Legitimationsgrundlage für die Herrschaftsstrukturen in islamischen Ländern.[351]

Der Islam damit ist zum einen jene Kraft, die den Einigungsprozess der arabischen Völker vorantreibt und zum anderen die Quelle der Rechtsprechung in den Mitgliedsstaaten des Golfkooperationsrates.

---

348 Roithner, Anna Katharina (2007), 114

349 Janzir, Amin (2007), 53

350 Tibi, Bassam (1996), 52

351 Tibi, Bassam (1996), 55

Eine wirtschaftspolitische Verbindung mit der europäischen Union

Aufgrund der wachsenden weltpolitischen Bedeutung der Golfstaaten, war es notwendig eine wirtschaftspolitische Zusammenarbeit zwischen der EU und den Staaten am Golf zu forcieren. Dies liegt vor allem an der wachsenden Abhängigkeit moderner Industriestaaten von den Rohstoffen am Persischen Golf. Aufgrund der Krisen am Persischen Golf wurden sowohl die USA als auch die EU vor neue Herausforderungen gestellt. Vor allem auch die Rückkoppelung dieses Raumes mit Terrorismus und Islamismus bringt weitere Differenzen mit sich.[352] Grundlegend bedeutet dies nun, dass eine wirtschaftspolitische Kooperation mit den Golfstaaten nicht leicht durchzuführen ist. Die gravierenden kulturellen sozialen, wirtschaftlichen und politischen Unterschiede machen zum einen die Zusammenarbeit mit westlichen Ländern und diesem Raum, zum anderen aber auch die Entwicklung einer kohärenten Sicherheits- und Verteidigungspolitik der Golfstaaten selbst, schwierig. „Es kann aus diesem Grund nicht wirklich überraschen, dass die Außenbeziehungen der Union im Hinblick auf diesen Raum durch ein Neben- und Miteinander verschiedenster Politik- und Kooperationsrahmen geprägt ist"[353]

Kooperationsabkommen

1989 schlossen die Außenminister der Europäischen Union und der GKR-Staaten ein Kooperationsabkommen ab, welches beide Parteien zu jährlichen Treffen verpflichtet. Sinn und Zweck dieser Vereinbarung ist die Erleichterung der Handelsbeziehungen sowie die Verbesserung der sicherheitspolitischen Dimensionen in diesem Raum.[354] Dieses Abkommen sieht eine Zusammenarbeit in den Bereichen Wirtschaft und Handel, Landwirtschaft und Fischerei, Industrie, Wissenschaft und Technik sowie Investitionen und Umwelt vor.[355] Die Zusammenarbeit findet in Arbeitsgruppen statt, welche in den Bereichen Industrielle Kooperation, Energie und Umwelt existieren. 1996 wurden eine Universitäre Kooperation, eine Geschäftskooperation und eine Medienkooperation hinzugefügt. Das Kooperationsabkommen von 1989 beinhaltete ebenso eine Vereinbarung, in welcher sich beide Parteien

---

352 Kernic, Franz (2007), 212

353 Kernic, Franz (2007), 213

354 Europäische Kommission (2008), Gulf Region, Overview on bilateral trade relations

355 Europäisches Parlament. Kurzdarstellung – 6.3.9. Golfstaaten

verpflichteten in Verhandlungen zu einem Freihandelsabkommen zwischen der Europäischen Union und den GKR-Staaten beizutreten.[356] In einigen Bereichen besteht bzw. bestand bereits eine intensive Zusammenarbeit zwischen der Europäischen Union und dem GKR. 1996 wurde ein dreijähriges Abkommen über die Zusammenarbeit im Bereich der Normen und des Messwesen beschlossen. Ein Jahr später wurde ein Kooperationsprogramm bezüglich des Zollwesens im Hintergrund zur Schaffung einer Zollunion der GKR. Weitere Kooperationsabkommen waren 1996 ein Abkommen im Technologie- und Informationsbereich, 1999 ein Kooperationsabkommen im Energiebereich und 1998 ein Kooperationsabkommen im Umweltbereich.[357]

Freihandelsabkommen

Wie oben bereits erwähnt, verpflichteten sich die Europäische Union und die Mitgliedsstaaten des Golfkooperationsrates zur Verhandlungen bezüglich eines Freihandelsabkommens zwischen der Europäischen Union und den Golfkooperationsrat. Die Verhandlungen begannen 1990 und konnten bis heute noch nicht beendet werden. 1999 wurden die Verhandlungen seitens des GKR, während seiner Entscheidung bis 2005 eine Zollunion zu errichten, eingestellt. 2001 wurde seitens der Europäischen Union, um einen Neustart der Verhandlungen zu ermöglichen, eine neue Verhandlungsrichtlinie erlassen, die eine progressive, wechselseitige Liberalisierung des Handels von Waren und Dienstleistungen vorsah. Hierbei sollte eine Angleichung der Markzugangsmöglichkeiten, die im Einklang mit der WTO stehen, angestrebt werden. Nach der Zustimmung zu dieser Richtlinie wurden die Verhandlungen 2002 wieder aufgenommen.[358] Von nun an wurden die Verhandlungen im Lichte geplanten Erweiterungen des GKR intensiviert. Mit 2007 war der Gemeinsame Markt der GKR-Staaten und mit 2010 die gemeinsame GKR-Währung geplant.[359] Im November 2007 fand die letzte Verhandlungsrunde zwischen der EU und dem GKR statt, jedoch ohne das Freihandelsabkommen abschließen zu können.[360] Die Außenminister der EU und der GKR-Staaten verhandelten über Themen, wie die Verstärkung der Beziehungen und Kooperationen in allen Bereichen, die durch das Freihandelsabkommen erfasst sind. Ebenso wurde im

---

356 Europäische Kommission (2008), Gulf Region, Overview on bilateral trade relations

357 Europäisches Parlament (…). 6.3.9. - Golfstaaten

358 Europäische Kommission (2008), Gulf Region, Overview on bilateral trade relations

359 Hermann, Rainer (2006), in: Deutschland online

360 Europäische Kommission (2008), Gulf Region, Overview on bilateral trade relations

Bereich der Erziehung bzw. Ausbildung an Universitäten eine verstärkte Kooperation ins Auge gefasst, welche die Teilnahme der GKR-Staaten im europäischen Erasmus Mundus Programm umfasst. Weitere wichtige Themen waren Wissenschaft und Technologie, der „middle east peace process" sowie aktuelle Themen betreffend Libanon, Iran und Irak. Sie berieten über nationale Sicherheitsthemen in den Golfstaaten und stimmten über regionale und territoriale Konflikte, internationalem Terrorismus, organisierter Kriminalität, Militär und Massenvernichtungswaffen überein. Sie beschlossen in diesen Bereichen die Kooperation zu verstärken um so Sicherheit und Stabilität zu gewährleisten. Bezüglich der Themen Menschenrechte und Demokratie wurde die bereits bestehende Zusammenarbeit nochmals in Erinnerung gerufen und vereinbart, dass diese weiterhin verstärkt werden soll.[361] Auch wenn das Freihandelsabkommen nicht zum Abschluss gekommen ist, sieht Bundesaußenminister Steinmeier die Verhandlungen optimistisch: „Ich habe den Eindruck, dass wir uns auf der Zielgeraden befinden."[362] Eine der letzten Hürden für das Freihandelsabkommen waren die niedrigen Gaspreise, die die petrochemische Industrie Saudi Arabiens ansetzte, welche die EU als wettbewerbsverzerrend angesehen hatte. Dieser Negativfaktor wurde aber seitens Zugeständnisse Saudi Arabiens aus dem Weg geräumt.[363] Unabhängig davon, gab/gibt es noch mehrere Gründe, die den Abschluss des Freihandelsabkommens verzögern/verzögerten. Zum einen sind der Golfkrieg, die teilweise innenpolitischen Instabilitäten sowie die politischen Systeme der GKR-Staaten aufgrund der islamischen Traditionen, zum anderen die anfänglichen Vorbehalte der GKR-Staaten gegenüber dem Inhalt des Abkommens zu nennen.[364] Auch die fundamentalen Missverständnisse darüber, wie die jeweilige Gegenseite arbeitet und zum Teil auch das Misstrauen, welches dem jeweiligen Gegenüber entgegen gebracht wird, lässt den Abschluss des Freihandelsabkommens schwieriger gestalten. Dennoch machten sowohl die EU als auch der GKR einen großen Schritt in die richtige Richtung.[365]

---

361 CE-GOLFE 3503/07, Presse 100

362 EU2007.de,

363 Hermann, Rainer (2006), in: Deutschland Online

364 Europäische Union (2007), Verbesserung der Beziehungen zwischen der Europäischen Union und den Ländern des Golf-Kooperationsrates

365 The GCC-EU Research Bulletin, Gulf Research Center (2007)

Ein Freihandelsabkommen brächte beiden Seiten enorme Vorteile. Sowohl die GKR-Staaten als auch die Europäische Union könnten ihr Außenhandelsvolumen binnen kürzester Zeit verdoppeln, da bereits jetzt die GKR-Staaten 1/3 ihrer Importe aus dem Raum der europäischen Union beziehen. Zu rechnen wäre ebenso mit einer Zunahme der Direktinvestitionen von EU-Unternehmungen in den Mitgliedsstaaten des Golfkooperationsrates. Hierfür müssten aber die rechtlichen Rahmenbedingungen verbessert werden und die Diversifizierung, der noch stark auf die Ölindustrie ausgerichteten Volkswirtschaften, beschleunigt werden.[366] Weitere Notwendigkeiten, um die Beziehungen zwischen der Europäischen Union und den GKR-Staaten zu verbessern, sind unter anderen die Stärkung des politischen Dialogs, die Stärkung der gemeinsamen energiepolitischen und wirtschaftlichen Interessen sowie die Förderung des gegenseitigen Verständnisses.[367]

---

366 Hermann, Rainer (2006), in: Deutschland Online

367 Europäische Union (2007), Verbesserung der Beziehungen zwischen der Europäischen Union und dem Golf-Kooperationsrat

Resumée

Bezugnehmend auf die erste Hypothese „Aufgrund der mittlerweile weltpolitischen Bedeutung der Golfstaaten, vor allem im wirtschaftlichen Bereich, ist ein Freihandelsabkommen zwischen der EU und dem GKR unumgänglich" lässt sich meiner Meinung nach sagen, dass diese zutrifft. Allein aufgrund des Erdöl- und Ergasreichtums der Golfstaaten besteht eine europäische wirtschaftliche Abhängigkeit von den GKR-Staaten. Wie bereits erwähnt bezieht die Europäische Union derzeit ca. 50% ihres Energiebedarfs vom Ausland, wobei 20% aus den Golfstaaten stammen. Jedoch auch umgekehrt beziehen die Golfstaaten von der Europäischen Union bereits 1/3 ihrer Importe, welche sie dringend für ihre Wirtschaft, d.h. auch vor allem für die verarbeitende Industrie benötigen.

Auch die zweite Hypothese lässt sich meines Erachtens verifizieren. Notwendig ist, meiner Ansicht nach, eine gemeinsame, umfassende Strategie der Europäischen Union. Leider gibt es bis heute noch kein einheitliches Strategiepapier der EU. Lediglich „die wirtschaftliche Verflechtung Europas mit dieser Region allein" ist „Indiz genug, um die Wichtigkeit geregelter und friedlicher Beziehungen und einer gut funktionierenden und gut strukturierten politischen wie wirtschaftlichen Kooperation mit den regionalen Organisationen und den einzelnen Staaten dieses Raumes zu erkennen."[368] Für die Europäische Union sollten nicht nur die wirtschaftlichen Interessen im Vordergrund stehen, sondern auch die sicherheitspolitischen. Genau aus diesem Grund kann meiner Meinung nach ein reines Freihandelsabkommen nicht ausreichend sein, um jene Ziele zu erreichen, die forciert werden. Bevor eine umfangreiche und stabile wirtschaftliche Kooperation stattfinden kann, muss der Kooperationsraum innenpolitisch, regionalpolitisch uns strukturell stabil sein. Andernfalls würde immer die Gefahr bestehen, dass die Kooperationsmechanismen und –rahmen sozusagen auseinanderbrechen könnten.

Wichtig wäre meines Erachtens deshalb eine allgemeine Strategie der EU, welche nicht nur den wirtschaftlichen Bereich umfasst, sondern ebenso Strategien enthält, die zu einer umfassenden Stabilisierung sowie zur innenpolitischen Sicherstellung des Status quo im Persischen Golf zur Folge hat. Um den wirtschaftlichen Bereich in den GKR-Staaten auszubauen, abzustimmen und zu fördern, müssen vorher die Rahmenbedingungen, d.h. die sozialen,

---

368 Kernic, Franz (2007), 215

gesellschaftlichen, rechtlichen und politischen Gegebenheiten weitgehend harmonisiert werden, sodass die Mitgliedsstaaten des GKR als Einheit, als Gesamtes auftreten können. Geschieht das nicht, ist meiner Meinung nach, eine optimale Ausnützung des vielleicht in naher Zukunft abgeschlossenen Freihandelsabkommens nicht möglich.

Bibliographie

Primärliteratur

Cooperation Council for the Arab States of the Gulf, Secretariat General (Hg.) (1981). The Cooperation Council Charter, at: http://www.gcc-sg.org/CHARTER.html (30.6.2008)

Cooperation Council fort he Arab States of the Gulf, Secretariat General (Hg.) (o.J.). The Organizational Structure, at: http://www.gcc-sg.org/Organisational%20.html (20.6.2008)

Energy Information Administration (2006). Opec Revenues Fact Sheet, Opec Revenues: Country Details, January 2006, at: http://www.eia.doe.gov/emeu/cabs/OPEC_Revenues/OPEC.html (30.6.2008)

Energy Information Administration (2007). Crude Oil Imports From Persian Gulf 2007, at: http://www.eia.doe.gov/pub/oil_gas/petroleum/data_publications/company_leve l_imports/current/summary2007.html (30.6.2008)

Europäische Kommission (Hg.) (o.J). Bilateral Trade Relations, Gulf Region, at: http://ec.europa.eu/trade/issues/bilateral/regions/gcc/index_en.htm (30.6.2008)

Europäische Kommission (Hg.) (o.J.). The EU & the Gulf Cooperation Council (GCC), at: http://ec.europa.eu/comm/external_relations/gulf_cooperation/intro/index.htm (30.6.2008)

Europäische Kommission (Hg.) (2006). External Relations: Gulf Cooperation Council, at: http://trade.ec.europa.eu/doclib/docs/2006/september/tradoc_113482.pdf (30.6.2008), Umfang: 12 Seiten

Sekundärliteratur

Bassam, Tibi (1996). Das arabische Staatensystem. Ein regionales Subsystem der Weltpolitik, Mannheim.

Scholz, Fred / Zimmermann, Jörg (1985). Bahrain – Inselstaat mit Erdölmangel, in: Scholz Fred (Hg.) Die kleinen Golfstaaten. Reichtum und Unterentwicklung – ein Widerspruch?, Ernst Klett Verlag, Stuttgart, Seite 62 – 93.

Schwedler, Hanns-Uve (1985). Kuwait – Stadtstaat mit Wohlfahrt für alle?, in: Scholz Fred (Hg.) Die kleinen Golfstaaten. Reichtum und Unterentwicklung – ein Widerspruch?, Ernst Klett Verlag, Stuttgart, Seite 94 – 121.

Janzen, Jörg / Zimmermann Wolfgang (1985). Oman – Flächenstaat mit Wirtschaftsvielfalt, in: Scholz Fred (Hg.) Die kleinen Golfstaaten. Reichtum und Unterentwicklung – ein Widerspruch?, Ernst Klett Verlag, Stuttgart, Seite 122 – 165.

Heard-Bey, Frauke (1985). Vereinigte Arabische Emirate – Küstenstaat mit Herrschervielfalt, in: Scholz Fred (Hg.) Die kleinen Golfstaaten. Reichtum und Unterentwicklung – ein Widerspruch?, Ernst Klett Verlag, Stuttgart, Seite 189 – 225.

Scholz, Fred / Stern, Werner (1985). Qatar – Wüstenstaat mit industrieller Zukunft?, in Scholz Fred (Hg.) Die kleinen Golfstaaten. Reichtum und Unterentwicklung – ein Widerspruch?, Ernst Klett Verlag, Stuttgart, Seite 166 – 188.

Janzir, Amin (2007). Managerwissen kompakt. Golfstaaten, Carl Hanser Verlag, München, Wien.

Kernic, Franz (2007). Die Außenbeziehungen der Europäischen Union, Peter Lang Verlag, Frankfurt am Main.

Maull, Hanns W. (1985). Zusammenarbeit am Golf? Der Gulf Cooperation Council (GCC), in Scholz Fred (Hg.). Die Wirtschaftsmacht im Krisenherd. Die Golfstaaten, Westermann Verlag, Braunschweig.

Roithner, Anna Katharina (2007). Regionale Integration am Arabisch-Persischen Golf. Der Golfkooperationsrat (GCC), Diplomarbeit Politikwissenschaft, Salzburg.

Stadler, Astrid-Maria (2000). Der Golfkooperationsrat unter besonderer Berücksichtigung der Vereinigten Arabischen Emirate, Diplomarbeit Politikwissenschaft, Salzburg.

Journalistische Literatur

Mudhoon Loay (2007). Nach 17 Verhandlungsjahren: Freihandelsabkommen mit der EU greifbar nahe, at: www.eurasischesmagazin.de/artikel/?artielID=20070509 (20.6.2008), Umfang: 2 Seiten.

Einzelbände

Das Freihandelsabkommen NAFTA aus der Perspektive Mexikos von Alexander Maronitis, ISBN 978-3-656-35793-3

MERCOSUR: Regionale Integration in Lateinamerika. Ziele und Methoden im Vergleich zur EU von Kira Kogan, ISBN: 978-3-656-47627-6

Die südostasiatische Staatengemeinschaft ASEAN. Ein Überblick und aktuelle Entwicklungen von Sebastian Streich, ISBN: 978-3-638-67024-1

Golfstaaten und GCC. Wirtschaftspolitische Zusammenarbeit mit der EU von Nicole Blaschitz, ISBN: 978-3-640-40424-